TEMPORA



# Das geteilte Deutschland 1961–1990

## Quellen zur Geschichte und Politik

**Texte und Quellen in Auswahl**

zusammengestellt und herausgegeben
von Jürgen Theil

Ernst Klett Verlag
Stuttgart · Leipzig

# Bildnachweis

**Umschlag**
vorn, links: f1 online digitale Bildagentur (Dieterich), Frankfurt;
vorn, Mitte: Wehrgeschichtliches Museum, Rastatt;
vorn, rechts: Corbis (RF), Düsseldorf;
hinten, links: AKG (Erich Lessing), Berlin;
hinten, Mitte: BPK, Berlin;
hinten, rechts: Helga Lade (B. Steckenreuter), Frankfurt.

**S. 8:** Presse- u. Informationsamt der Bundesregierung, Berlin;
**S. 20:** aus: „Zahlenspiegel. Bundesrepublik Deutschland/Deutsche Demokratische Republik. Ein Vergleich!".
3. Ausgabe, 2. Auflage, Mai 1988, (c) Bundesarchiv Koblenz;
**S. 22:** DHM, Berlin;
**S. 81:** Presse- u. Informationsamt der Bundesregierung, Berlin;
**S. 84:** Presse- u. Informationsamt der Bundesregierung, Berlin;

Nicht in allen Fällen war es uns möglich, den Rechteinhaber der Abbildungen ausfindig zu machen. Berechtigte Ansprüche werden selbstverständlich im Rahmen der üblichen Vereinbarungen abgegolten.

1. Auflage 1 6 5 4 3 2 | 2014 2013 2012 2011 2010

Alle Drucke dieser Auflage sind unverändert und können im Unterricht nebeneinander verwendet werden. Die letzten Zahlen bezeichnen jeweils die Auflage und das Jahr des Druckes.


Internetadresse: www.klett.de

**Redaktion:** Tobias Stankowski, Bonn
**Herstellung:** Krystyna Schütze
**Satz:** 2 women production, Leipzig
**Reproduktion:** Meyle + Müller, Medien-Management, Pforzheim
**Druck:** Medienhaus Plump GmbH, Rheinbreitbach

Printed in Germany

**ISBN:** 978-3-12-430060-7

9 783124 300607

# Inhalt

# Vorwort

Die Geschichte der beiden deutschen Staaten wurde in der Vergangenheit in der Regel getrennt voneinander betrachtet. Das vorliegende Quellenheft, das die Entwicklung des geteilten Deutschlands und der beiden deutschen Staaten aufzeigt, basiert zu einem großen Teil auf einem Forschungsprojekt der Universität Bonn, das von dem Historiker und Politikwissenschaftler Hans Georg Lehmann geleitet wurde. Die 2005 von Lehmann veröffentlichte „Deutschland-Dokumentation 1945 bis 2004" (D-Dok), aus der hier geschöpft wurde, stellt mit weit über 100 000 Textseiten sowie ergänzenden Bild- und Tondokumenten die bisher größte und umfassendste digitale Quellenbibliothek zur deutschen Geschichte seit 1945 dar.

Die im Quellenheft aufgenommenen, überwiegend staatlichen Quellen spiegeln anschaulich die unterschiedlichen Lebensverhältnisse und politischen Überzeugungen in Ost und West wider. Sie dokumentieren, wie groß der Einfluss der alliierten Siegermächte war, in deren Schatten sich zwei verschiedene gesellschaftliche Systeme entwickelten, die die Spaltung Deutschlands beschleunigen und eine Wiedervereinigung auf lange Zeit unmöglich erscheinen lassen sollten. Beide Seiten beanspruchten für sich, die wirklichen Interessen des gesamten deutschen Volkes zu vertreten. Beide Seiten propagierten die von ihnen vertretene gesellschaftliche Ordnung als die zukunftsträchtigere. Die Quellen belegen eindrucksvoll, wie unterschiedlich die Demokratievorstellungen und Entwicklungschancen in Ost und West waren. Sie zeigen auch, wie stark sich die beiden deutschen Staaten voneinander entfernten. Erst die 1970er Jahre brachten eine schrittweise Annäherung und Verbesserung der innerdeutschen Beziehungen und nur durch die Veränderungen in Osteuropa und die immer größer werdende Protestbewegung in der DDR wurde letztendlich die Wiedervereinigung Deutschlands im Oktober 1990 möglich. Bei der Auswahl der Quellen standen die deutsch-deutschen Beziehungen im Mittelpunkt der Betrachtung. Bestimmte Bereiche der Innen- und Außenpolitik der Bundesrepublik wurden bewusst vernachlässigt, da sie in anderen bereits veröffentlichten Quellenheften ausführlich behandelt wurden.

Montagsdemo in Leipzig am 23. Oktober 1989

# 1 Die beiden deutschen Staaten im Einfluss des Ost-Westkonflikts – die 1960er-Jahre

Die in der Nacht vom 12. zum 13. August 1961 von der Nationalen Volksarmee, den Betriebskampfgruppen und der Volkspolizei vollzogene Abrieglung Westberlins bedeutete für viele Berlinerinnen und Berliner auch die gewaltsame Trennung von den eigenen Angehörigen und Freunden. Die SED-Führung sprach – ungeachtet zahlreicher Proteste – davon, mit der Errichtung des „antifaschistischen Schutzwalles" den Frieden in Deutschland und Europa gerettet zu haben. Der „Wühltätigkeit konterrevolutionärer imperialistischer Kreise" sei erfolgreich Einhalt geboten worden. Dass mit der Errichtung der Mauer in erster Linie die anhaltende Fluchtbewegung gestoppt werden sollte, wurde schon allein an der Konstruktion der Sperranlagen deutlich. Nachdem die Grenzanlagen immer undurchlässiger wurden, ging auch die Zahl der Fluchtversuche erheblich zurück.
Die Westmächte, die, um eine weitere Eskalierung zu verhindern, militärisch nicht eingegriffen hatten, machten jedoch deutlich, dass sie Westberlin nicht aufgeben und auch nicht auf die freien Zugangsrechte für ihre Besatzungstruppen verzichten würden. Für die DDR begann nach dem 13. August 1961 eine Phase der wirtschaftlichen und politischen Stabilisierung. Viele Bürger der DDR sahen sich nun gezwungen, sich stärker mit dem SED-Staat und den gegebenen politischen Verhältnissen zu arrangieren. Obwohl das Verhältnis der alliierten Besatzungsmächte durch die Kuba-Krise (1962) zusätzlich belastet war, gelang es der Bundesrepublik, mit dem Passierschein-Abkommen (1963) erste Verwandtenbesuche für Westberliner in Ostberlin zu ermöglichen. Konrad Adenauers Nachfolger Ludwig Ehrhard, der schon als Wirtschaftsminister die Grundlagen für die erfolgreiche soziale Marktwirtschaft gelegt hatte, scheiterte 1966 an einer wirtschaftlichen Krise, die von einer zunehmenden Arbeitslosigkeit begleitet war. Mit der 1966 gebildeten Großen Koalition (CDU/CSU und SPD) kam es zur Herausbildung einer außerparlamentarischen Opposition (APO), die sich verstärkt auch in der Studenten- und Friedensbewegung engagierte. Auch in Bezug auf den Umgang mit den Ostblockstaaten zeichnete sich schon in den 1960er Jahren eine Richtungsänderung ab. Während Bundeskanzler Kurt-Georg Kiesinger (CDU) an der traditionellen Position des Alleinvertretungsanspruchs festhalten wollte, forderte Außenminister Willy Brandt (SPD) bereits eine flexiblere Ostpolitik.

## 1.1 Von der Berlin-Krise zur Kuba-Krise

### M1 Der Vorsitzende des Staatsrates der DDR und Erste Sekretär des ZK der SED, Walter Ulbricht, gewährte 1962 der amerikanischen Fernsehgesellschaft Columbia Broadcasting System (CBS) ein Interview.

Das Gespräch mit dem CBS-Vertreter Schorr hat folgenden Wortlaut:

**Schorr:** Herr Ulbricht! Hat die Errichtung der Sperren an der Grenze zu Westberlin den beabsichtigten Zweck erfüllt, oder sind weitere Maßnahmen zum Schutze der DDR geplant?

**W. Ulbricht:** Wenn die Reste des Zweiten Weltkrieges bald beseitigt werden, wenn ein Friedensvertrag abgeschlossen und Westberlin in eine entmilitarisierte Freie Stadt verwandelt wird, dann brauchen wir hoffentlich keine weiteren Maßnahmen durchzuführen. Wenn jedoch der Kalte Krieg, wenn Diversionen und Störtätigkeit der USA und der westdeutschen Bundesrepublik gegen die Deutsche Demokratische Republik weitere Maßnahmen notwendig machen, so wird die Regierung der Deutschen Demokratischen Republik sich mit den Warschauer Vertragsstaaten verständigen und nicht zögern, solche notwendigen Maßnahmen durchzuführen. Aber es geht doch im Grunde genommen nicht um die Grenze. Es geht doch vielmehr um die Frage der Achtung des Völkerrechts gegenüber der Deutschen Demokratischen Republik. Es ist Ihnen bekannt, daß die Regierung der USA mit der Bonner Regierung unter Beteiligung anderer NATO-Staaten einen Vertrag geschlossen hat, der u. a. den Aufenthalt amerikanischer Besatzungstruppen bis zum Jahr 2005 in Westdeutschland vorsieht. Als Deutscher muß ich Ihnen sagen: Wir sind der Meinung, daß in Deutschland die Deutschen bestimmen sollten, und in den USA die Amerikaner. Das entspricht auch Prinzipien, die früher einmal auch Präsidenten der USA vertreten haben. Die Eingliederung Westdeutschlands in die NATO hat doch Deutschland gespalten. Der NATO-Vertrag ist gegen die nationalen Interessen unseres Volkes gerichtet, gegen seine Freiheit, gegen seine Selbstbestimmung und gegen den Frieden überhaupt. Als deutscher Patriot kann ich der USA-Regierung nur sagen: Respektieren Sie die Souveränität der Deutschen Demokratischen Republik, helfen Sie mit, die Reste des Krieges zu beseitigen. Darüber hinaus ist es Zeit, dem sehnlichsten Wunsch des deutschen Volkes nach einem Leben in gesichertem Frieden und ohne Besatzung zu entsprechen. Geben Sie also Westdeutschland frei, entlassen Sie Westdeutschland aus den Fesseln der NATO, und ermöglichen Sie damit die friedliche Lösung der deutschen Frage und die Sicherung des Friedens in Europa! Das ist unser Hauptersuchen an die Regierung der USA. [...]

**Schorr:** Sollen die Sperren für immer stehenbleiben hier in Westberlin? Wenn nicht, unter welchen Bedingungen würden sie entfernt werden?

**W. Ulbricht:** Es steht gar nicht die Frage der Sperren. Es handelt sich um die Staatsgrenze der Deutschen Demokratischen Republik. Und da der Westberliner Senat befürchtete, daß wir uns in die inneren Angelegenheiten Westberlins einmischen, haben wir eine ordentliche Kontrolle geschaffen, um zu demonstrieren, daß niemand von uns die Absicht hat, sich in die inneren Angelegenheiten von Westberlin einzumischen. Wir haben nur den Wunsch, daß auch andere Staaten, die USA, Großbritannien, Frankreich sich nicht in die inneren Angelegenheiten von Westberlin einmischen. In Westberlin sollen die Westberliner frei über ihre eigene Ordnung bestimmen. [...]

**Schorr:** Glauben Sie an die deutsche Wiedervereinigung als reale Möglichkeit, wenn ja, unter welchen Bedingungen?

**W. Ulbricht:** Für uns Deutsche ist es selbstverständlich, daß die Wiedervereinigung Deutschlands kommen wird. Aber leider sind die Regierungen der USA, Großbritanniens, Frankreichs und die Bonner Regierung dagegen. Die USA-Regierung versteht doch sehr gut, daß ihr Vertrag über das Verbleiben amerikanischer Besatzungstruppen in Westdeutschland bis zum Jahr 2005 und die Eingliederung Westdeutschlands in die NATO Deutschland gespalten hat und daß Deutschland gespalten bleibt, solange dieser Vertrag nicht annulliert ist. Der Weg zur Wiedervereinigung kann nur frei gemacht werden, indem die USA-Truppen Westdeutschland räumen, Westdeutschland aus der NATO austritt und die Herrschaft der Militaristen in Westdeutschland durch das Volk selbst überwunden wird. Dann wird das deutsche Volk schon Mittel und Wege zur Verständigung der beiden deutschen Staaten finden. Das ist die Grundfrage, um die es geht. Die Regierung der USA beruft sich auf die Potsdamer Abkommen. Aber die Grundidee der Potsdamer Abkommen ist doch die völlige Ausschaltung des Einflusses der deutschen Militaristen und Faschisten. Die USA haben diese Potsdamer Abkommen selbst gebrochen und damit außer Kraft gesetzt. Sie haben sich mit den deutschen Hitlergeneralen und der Regierung verbündet, die die Hitlerpolitik in etwas anderen Formen fortführt. Das heißt: Obwohl Zehntausende Bürger der USA im Kampf gegen den Hitlerfaschismus, gegen den deutschen Imperialismus und Militarismus ihr Leben geopfert haben, arbeitet jetzt die Regierung der USA mit den Hitlergeneralen zusammen.

Wir wären glücklich, wenn das Volk der USA die gerechten Forderungen der friedliebenden Bevölkerung Deutschlands unterstützen und von seiner Regierung die Ausschaltung der Kriegsverbrecher, Militaristen und Revanchepolitiker aus dem Bonner Staatsapparat verlangen würde. Sie werden verstehen, daß sich friedliebende Menschen und eine friedliebende Regierung der Deutschen Demokratischen Republik schwer mit den Hitlergeneralen verständigen können. [...]

Neues Deutschland vom 5. Januar 1962. Abdruck in: Dokumentation der Zeit. Informations-Archiv. Deutsches Institut für Zeitgeschichte Berlin (Hrsg.), Heft 255/1962. S. 255/43–255/45.

### M2 In Beantwortung der sowjetischen Denkschrift vom 27. Dezember 1961 übergab der Botschafter der Bundesrepublik Deutschland in Moskau, Dr. Hans Kroll, am 21. Februar 1962 im sowjetischen Außenministerium nachfolgende Denkschrift

I. Die Denkschrift, die dem Botschafter der Bundesrepublik Deutschland in Moskau am 27. Dezember 1961 übergeben wurde, haben wir aufmerksam gelesen und sorgfältig geprüft. Wir stimmen mit ihr darin überein, daß „die Politik von allem befreit werden muß, was die Gefahr militärischer Konflikte und eine Verschlechterung der ohnehin gespannten Weltlage in sich birgt". Ein Krieg, der in unserem Zeitalter nuklearer Waffen in Europa ausbräche, würde in der Tat eine unvorstellbare Katastrophe für die ganze Menschheit bedeuten. Die Bundesregierung ist sich darüber im klaren, daß das deutsche Volk einen solchen Krieg kaum überstehen könnte, der wohl auch das sowjetische Volk vernichten würde, und daß daher alles unternommen werden muß, um einen derartigen Konflikt zu verhindern. In diesem Sinne ist auch die Bemerkung des Bundeskanzlers zu verstehen, als er dem sowjetischen Botschafter in Bonn sagte, er hoffe und wünsche, daß aus der Berlin-Krise kein nuklearer Krieg entstehe. Die Bundesregierung hat wiederholt und feierlich erklärt, daß sie jede Gewaltanwendung zur Lösung politischer Probleme ablehnt. [...]
Nur eine böswillige Propaganda kann behaupten, in der Bundesrepublik Deutschland machten sich Faschismus, Revanchismus und Angriffslust breit; diese Propaganda aber wird nur die Leichtgläubigen und selbst diese nur für kurze Zeit täuschen. Denn auf lange Sicht werden auch sie den Tatsachen mehr Glauben schenken als Verleumdungen. Wir stimmen der sowjetischen Denkschrift zu, wenn sie erklärt, daß es vernünftig wäre, sich über die Abrüstung zu einigen. Die Gefahren des Wettrüstens sind so offensichtlich, daß jeder ein Ende dieses Rüstungswettlaufs herbeiwünschen muß. Die Bundesrepublik hat schon vor Jahren freiwillig darauf verzichtet, atomare, bakterielle und chemische Waffen herzustellen. Die Abrüstungsfrage würde sich sicher leichter lösen lassen, wenn alle Staaten sich den gleichen Beschränkungen unterwerfen würden. [...]
III. Wie schon gesagt, wünschen wir bessere Beziehungen zwischen der Sowjetunion und der Bundesrepublik Deutschland. Wir begrüßen es, daß die sowjetische Denkschrift den gleichen Wunsch ausspricht. Wir teilen die Ansicht des Ministerpräsidenten Chruschtschow, daß die Kriegsgefahr in Europa gebannt wird, wenn sich unsere beiden Völker wirklich aussöhnen und die noch zwischen unseren Nationen liegenden strittigen Fragen regeln. Wenn es aber nicht bei Worten und Beteuerungen des guten Willens bleiben soll, müssen wir die Tatsachen, die uns trennen, klar sehen und aussprechen. Das deutsch-sowjetische Verhältnis läßt sich nur normalisieren, wenn die Situation des deutschen Volkes normalisiert wird. Anomal ist die Spaltung des deutschen Volkes, besonders anomal sind die Zustände in der sogenannten DDR, und anomal ist die Mauer in Berlin. [...]
Wir würden es sehr begrüßen, wenn bei den jetzt in Moskau durchgeführten Gesprächen ein entsprechendes Verfahren für die Lösung der Deutschland- und Berlin-Frage erörtert würde. Einige Bemerkungen der sowjetischen Denkschrift – das soll nicht verschwiegen werden – haben wir mit besonderer Aufmerksamkeit und Zustimmung gelesen. Dazu gehört der Satz, es sei „Sache jedes einzelnen Volkes, das Gesellschaftssystem zu wählen,

das seiner Ansicht nach am besten zu ihm paßt". Auch wir stimmen dieser Ansicht zu. Ja, wir hielten es für den größten Fortschritt, wenn dieser Grundsatz auch in der sogenannten DDR angewandt würde, denn er nähert sich in erfreulicher Weise unseren Vorstellungen, die bekanntlich von dem Grundsatz des Selbstbestimmungsrechts der Völker ausgehen.

Vor allem stimmen wir dem Satz des sowjetischen Memorandums zu: „Wir müssen allgemein menschliche Ziele verfolgen." Dies ist in der Tat eine der wichtigsten Maximen unserer Politik, und wir sind erfreut, uns darin mit der Sowjetregierung einig zu wissen. Denn auch nach unserer Ansicht soll die Politik dem Wohl aller Menschen dienen, nicht dem Machtstreben eines einzelnen, den vermeintlichen Interessen einer Nation oder einer Klasse allein oder der Verwirklichung einer bestimmten gesellschaftlichen Theorie.

Welche Politik dagegen verfolgen die Machthaber der sogenannten DDR? Vor den allgemein menschlichen Grundsätzen, wie sie sie verstehen und praktizieren, sind jedenfalls in den vergangenen zwölf Jahren dreieinhalb Millionen Menschen in den Westen geflohen, trotz Stacheldraht und Wachttürmen, trotz Strafandrohungen, Kontrollschikanen und Gefahr für Leib und Leben. Die meisten haben alles, was sie besaßen, in ihrer alten Heimat zurückgelassen, nur um dem dortigen Zwangsregime zu entgehen. [...]

IV. [...] Vor einigen Jahren hatte Ulbricht großsprecherisch verkündet, er werde bis zum Jahre 1961 die Bundesrepublik wirtschaftlich einholen. Nun, heute kann jedermann sehen, was dabei herausgekommen ist! Die rücksichtslos durchgeführten Kollektivierungsmaßnahmen in der Landwirtschaft haben zu einer katastrophalen Ernährungslage geführt. Die Freizügigkeit in der sogenannten DDR ist weiter eingeschränkt worden. Rechtssicherheit besteht nicht mehr. Dagegen werden wiederum neue große Konzentrationslager gebaut. Die Bevölkerung haßt und verachtet dieses Regime, das ihr aufgezwungen wurde und das sie nie frei gewählt hat.

Die eben geschilderten Methoden und die ständigen Mißerfolge der Verwaltung waren es doch vor allem, die jene in modernen Zeiten beispiellose Fluchtbewegung aus der sogenannten DDR hervorgerufen haben, nicht angebliche westliche „Provokateure". Dabei hätte jenes Regime die Flucht von Millionen seiner Bürger leicht verhindern können, wenn es eine humane Politik betrieben, der Bevölkerung Freiheit und Gerechtigkeit gewährt und wenn es ganz allgemein das Leben in jenem Teil Deutschlands menschenwürdig gemacht hätte. Es fiel ihm jedoch kein anderer Ausweg ein, als quer durch Berlin eine Mauer zu errichten, die Menschen seines Machtbereichs einzusperren und seine Bankrott- und Gewaltpolitik noch rücksichtsloser als vorher fortzusetzen. Niemand kann der Bundesregierung im Ernst zumuten, mit den Vertretern einer solchen Politik zu verhandeln. [...]

Bulletin (Presse- und Informationsamt der Bundesregierung) Nr. 38 vom 23. Februar 1962, S. 315–318.

## M3 Rundfunkansprache des Ministers für Nationale Verteidigung, Armeegeneral Heinz Hoffmann vom 12. Januar 1962

Meine lieben Hörerinnen und Hörer!

[...] DDR hat den Frieden gerettet

Die übergroße Mehrheit des deutschen Volkes wird es mit besonderer Genugtuung erfüllen, daß die vergangenen Monate dem Frieden gehörten und seinen Bannerträgern neue Siege brachten. In Deutschland erlitten die Kräfte des Krieges eine besonders empfindliche Niederlage. Den Adenauer, Strauß[1] und Foertsch[2], die mit Hilfe ihrer NATO-Zuhälter einen Raketen-Kernwaffenkrieg gegen die sozialistischen Länder starten wollten, wurden die Schranken ihres verbrecherischen Treibens gewiesen. Der Kriegsbrandherd Westberlin wurde von allen Seiten unter Kontrolle genommen und die Staatsgrenze der Deutschen Demokratischen Republik zuverlässig gegen jedes Bonner Kriegsabenteuer

1 Franz Josef Strauß war von 1956–1962 Verteidigungsminister

2 Generalinspekteur der Bundeswehr

gesichert und geschützt. Die Illusionen der Imperialisten Westdeutschlands, ihre militärische Gewaltherrschaft auf das Gebiet der DDR auszudehnen und von da aus das veränderte Kräfteverhältnis in der Welt zu ihren Gunsten zu revidieren, hat am Brandenburger Tor ihr rasches Ende gefunden. Der deutsche Arbeiter-und-Bauern-Staat, untrennbarer Bestandteil des sozialistischen Weltsystems und glühender Verfechter der nationalen Interessen, der Selbstbestimmung und der wahren Freiheit unseres Volkes, verdarb der imperialistischen Aggressionspolitik gründlich das Konzept. So wurde der in den Spätsommer- und Herbsttagen des Jahres 1961 auf das äußerste bedrohte Frieden in Europa gerettet und der Anschlag der Bonner Kriegspartei auf die physische Existenz des deutschen Volkes abgeschlagen. [...]

Werte Zuhörer in Westdeutschland, lassen Sie sich nicht länger von den antikommunistischen Hetztiraden des Adenauer-Regimes verblenden! Ihre Feinde sind nicht die Bürger der Deutschen Demokratischen Republik und nicht die Kommunisten, die seit der Geburtsstunde der Arbeiterbewegung unter großen Opfern für die höchsten Interessen des Volkes kämpfen. Ihre Feinde und Mörder sind unter Ihnen, sie sitzen in den Bonner Ministerien, in den Konzernpalästen und im Generalstab der Bundeswehr. Ich möchte auch die Angehörigen der Bundeswehr in ihrem eigenen Interesse warnen: Lassen Sie sich nicht für die Vorbereitung und Verwirklichung des Bonner Kriegskomplotts mißbrauchen! [...]

Neues Deutschland vom 13. Januar 1962. Abdruck in: Dokumentation der Zeit. Informations-Archiv. Deutsches Institut für Zeitgeschichte Berlin (Hrsg.), Heft 255/1962, S. 255/46–255/48.

### M4 Der Außenminister der UdSSR Andrej Gromyko vor dem Obersten Sowjet zu den Gesprächen UdSSR/USA über das Deutschland- und Westberlin-Problem, veröffentlicht am 24. April 1962

*Genossen Deputierte!*

[...] Die Sowjetunion ist für Frieden und Friedensvertrag. [...] Die Regierung der USA erklärt ebenso wie die Regierungen mehrerer anderer Westmächte, obgleich sie den Friedensvertrag nicht unterzeichnen werde, wünsche sie doch, eine gemeinsam mit uns vereinbarte Lösung in einer Anzahl wichtiger Fragen ausfindig zu machen, die mit der Liquidierung der Überreste des Zweiten Weltkrieges zusammenhängen, einschließlich der Lage in Westberlin und dem Zugang zu Westberlin. Die Aussprachen mit USA-Außenminister Rusk zeigten, daß das Bestreben vorhanden ist, eine Annäherung der Standpunkte der Seiten unter Berücksichtigung der realen Gegebenheiten in Deutschland zu finden, wenngleich völlig klar ist, daß es noch viele Hindernisse gibt. Konkret handelt es sich darum, daß zugleich mit dem Abschluß eines Friedensvertrages zwischen der Sowjetunion sowie den Staaten, die dies wünschen, eine mit der Deutschen Demokratischen Republik vereinbarte Lösung des Komplexes von Fragen erreicht werden soll, die im Zusammenhang mit der Nachkriegs-Friedensregelung aufkommen. Welche Fragen sind dies? Wir haben sie schon genannt. Es sind: Die Normalisierung der Lage in Westberlin durch die Aufhebung des dortigen Besatzungsregimes und die Ersetzung der Besatzungstruppen durch Truppen neutraler Staaten oder der UNO auf bestimmte Frist. Auf diesem Wege würde Westberlin aus einem militaristischen Brückenkopf der NATO und einem Zentrum subversiver Tätigkeit gegen die Deutsche Demokratische Republik und andere Staaten in eine Freie Stadt des Friedens und der Ruhe umgewandelt werden.

Die gebührende Achtung der Souveränität der Deutschen Demokratischen Republik, ohne die wie von der Sowjetregierung bereits wiederholt erklärt werden ist, eine Übereinkunft mit den Westmächten in den sie interessierenden Fragen unmöglich ist. Eine entsprechende Kennzeichnung und Verankerung der bestehenden Grenzen der deutschen Staaten, darunter der Deutschen Demokratischen Republik und der deutschen Bundesrepublik. Die Nichtausrüstung der beiden deutschen Staaten mit Kernwaffen. Schließlich der Abschluß eines Nichtangriffspaktes zwischen der NATO und der Organisation des Warschauer Vertrages. Das sind die wichtigsten Fragen, ohne deren Lösung alle guten Wünsche für die Festigung des Friedens in Europa Wünsche bleiben. [...] Auf dem Erdball gibt es wohl keinen anderen Platz, der im Zusammenhang mit den Veränderungen nach dem vergangenen Krieg so sehr mit der Gefahr eines Konflikts zwischen den Großmächten geladen wäre wie Westberlin. [...] Man kann auch nicht umhin, in Rechnung zu stellen. daß sich die Land- und Luftwege, die für die Verbindungen mit Westberlin benutzt werden, über das Territorium und durch den Luftraum eines souveränen Staates – der Deutschen Demokratischen Republik – hinziehen. Westberlin ist kein Teil der deutschen Bundesrepublik, und niemand außer den Erzrevanchisten in Westdeutschland und außer Leuten, die das Gefühl für Realität verloren haben, betrachtet es als Teil oder Land der deutschen Bundesrepublik. Die Behörden der deutschen Bundesrepublik mischen sich jedoch fortgesetzt in grober Weise in die Angelegenheiten dieser Stadt ein und entfalten vom Westberliner Territorium aus eine feindselige Tätigkeit gegen die DDR und die anderen sozialistischen Staaten. [...] Möge Westberlin seine Lebensweise frei wählen – die Sowjetunion ist bereit, die dort entstandenen gesellschaftlichen Verhältnisse zu respektieren. Möge Westberlin eine lebensfähige Stadt mit stabiler und blühender Wirtschaft sein – die Sowjetunion ist bereit, dazu beizutragen. Möge der Zugang zu Westberlin unbehindert sein – die Sowjetunion bejaht dies. [...] Die UdSSR hat niemals irgendein Abkommen unterzeichnet, das die ewige Besetzung Deutschlands oder Westberlins vorsah. Jede Besetzung ist eine zeitweilige Erscheinung, und dies ist in den entsprechenden Abkommen rundweg ausbedungen. Wo ist denn das Dokument, das eine unbefristete Besetzung Westberlins sanktionieren würde? Ein solches Dokument hat es nicht gegeben und konnte es nicht geben. [...] Was Garantien für Westberlin als selbständige politische Einheit betrifft, so hat die Sowjetregierung bekanntlich entsprechende Vorschläge gemacht und schlägt als eine der Varianten zur Lösung der Frage der Garantien vor, daß in Westberlin im Laufe einer bestimmten Zeit symbolische Truppenkontingente der nicht blockgebundenen Staaten oder der UNO stationiert werden. [...]

Neues Deutschland vom 26. April 1962. Abdruck in: Dokumentation der Zeit. Informations-Archiv. Deutsches Institut für Zeitgeschichte Berlin (Hrsg.), Heft 262/1962, S. 42–44.

### M5 Außenminister Gerhard Schröder (CDU) zur Deutschland- und Berlin-Frage, April 1962

Nach einer Würdigung des deutsch-französischen Verhältnisses als des „Eckpfeilers der politischen Entwicklung in Europa und weit darüber hinaus“ sagte Dr. Schröder: Das Deutschland- und Berlin-Problem gibt der Sowjetunion die Möglichkeit, immer von neuem einen Druck auf Europa und die freie Welt auszuüben. Seit dem November 1958 droht die Sowjetunion mit dem Abschluß eines Separatvertrags. Nach der von ihr vertretenen These soll das Erlöschen der westlichen Rechte in Berlin und in bezug auf Berlin die Folge des Abschlusses dieses Vertrags sein. Gegenüber dieser Bedrohung haben die drei Westmächte, die Bundesrepublik Deutschland und alle anderen NATO Partner fest zusammengestanden. Die Amerikaner haben erklärt, daß sie zur Verteidigung der drei vitalen Interessen Berlins selbst das Risiko eines Krieges auf sich nehmen würden. Diese drei vitalen Interessen sind die Anwesenheit westlicher Truppen in Berlin, der freie Zugang nach Berlin und das, was die Amerikaner die Lebensfähigkeit Berlins nennen. Um ihre Erklärung glaubhaft zu machen, haben die Amerikaner und mit ihnen die Bundesrepublik Deutschland, Frankreich und andere europäische Partner bedeutende militärische Anstrengungen unternommen. Gleichzeitig wünschte die amerikanische Regierung mit den Sowjets zu verhandeln mit dem Ziel, eine Lösung zu finden, die die drei lebenswichtigen Interessen Berlins in jedem Fall sicherstellen würde. [...]

Bulletin (Presse- und Informationsamt der Bundesregierung) Nr. 77 vom 25. April 1962, S. 653–654.

**M6 Brief des Zentralkomitees der SED an die Mitglieder der Sozialdemokratischen Partei in Westdeutschland, veröffentlicht am 25. Mai 1962**

*Liebe Genossen!*

Unter uns deutschen Arbeitern muß ein offenes Wort gesprochen werden. Jeder spürt es: So wie bisher wird es in Westdeutschland nicht weitergehen. Unbehagen hat die westdeutsche Bevölkerung erfaßt, Unsicherheit greift um sich. Nicht „Wirtschaftswunder", sondern „Maßhalten" ist jetzt die Parole. Ein Blick auf die politische Bühne Bonns genügt, um zu sehen: Die Regie klappt nicht mehr, die Darsteller geraten sich in die Haare, die Kulissen drohen zusammenzufallen. Die Konflikte und Gegensätze brechen allerorts hervor. Es ist unverkennbar, die Ära Adenauer geht zu Ende. [...]

Ihr müßt Euch doch entscheiden: Entweder Politik der atomaren Aufrüstung und des Kalten Krieges – oder Abrüstung der beiden deutschen Staaten und Verständigung; entweder Beseitigung der Überreste des Zweiten Weltkrieges oder ein neuer Krieg, der die Existenz unserer Nation aufs Spiel setzt. [...] Viele von Euch hatten erkannt, daß mit der Unterwerfung unter die Pariser Verträge und unter die NATO die Spaltung Deutschlands besiegelt würde.

[...] Aber die gegenwärtige Führung der SPD betrachtet es als ihre Aufgabe, eben diese bankrotte Politik zu stützen. Mit dem Programm von Godesberg und den Beschlüssen des Hannoverschen Parteitages hat sie sich offen und uneingeschränkt an die Seite der Bonner Militaristen gestellt und mehr als einmal versucht, die CDU/CSU noch rechts zu überholen. Wie lange wollt Ihr das noch dulden? [...]

*Nicht maßhalten und nicht Maul halten*

Am 1. Mai haben westdeutsche Arbeiter Transparente mit der Aufschrift getragen: „Erst maßhalten – dann Maul halten". Genau dahin soll die Reise gehen! Die Bonner Ultras wollen ihre Abenteurerpolitik fortsetzen, aber sie fühlen ihre Schwäche und wollen retten, was nicht mehr zu retten ist. Mit den Notstandsgesetzen soll jeder Widerstand gegen die monopolkapitalistische Ausbeutung, gegen die Rüstungs- und Kriegspolitik unterdrückt werden. Im Innern wollen sie Friedhofsruhe schaffen, jede Opposition mundtot machen, um ungestört die aggressive Außenpolitik, die Provokationen gegen den Frieden weiterführen zu können. [...] Mit einer antidemokratischen Satzung und dem nach dem Muster von Godesberg verfaßten neuen Grundsatzprogramm sollen auch die westdeutschen Gewerkschaften mit der NATO-Politik gleichgeschaltet werden. Die Älteren unter Euch haben doch ihre eigenen Erfahrungen. In der Zeit des Faschismus habt Ihr alles schon einmal mitgemacht. Immer, wenn die Herrschenden auf kriegerische Abenteuer ausgehen, wenn sie zum Schlag gegen das Volk ausholen, gegen die Rechte und Freiheiten der Arbeiter, dann versuchen sie, die Menschen mit chauvinistischen Parolen und antikommunistischer Hetze irrezumachen.

*Eine ernste Frage, die eine ernste Antwort erheischt. [...]*

Das gefährlichste Zentrum ihrer Hetze ist Westberlin. Heute zahlt Ihr mit Eurem Geld für diese „NATO-Frontstadt". Wenn es nach Brandt ginge, der jede friedliche Regelung der Westberlinfrage hintertreiben will, sollt Ihr morgen mit Eurem Leben dafür zahlen. [...]

Bei der komplizierten Lage in Berlin und den ständigen Versuchen, unsere sozialistische Ordnung zu stören, war die Sicherung unserer Staatsgrenze eine notwendige und normale Angelegenheit. Wer allerdings glaubt, wir würden uns hinter einer „Mauer" einigeln, der irrt sich gewaltig. [...]

Der heutige westdeutsche Staat ist wirklich nicht der Staat der Sozialdemokraten und Gewerkschafter, sondern der Vollzugsausschuß der millionenschweren Ausbeuter, der Flick und Pferdmenges. Er ist die Hochburg der Hitlergenerale und Naziblutrichter, der Globke und Oberländer. Die nationale und soziale Frage kann in Deutschland endgültig nur gelöst werden, wenn dieses imperialistische System überwunden wird. Nur dann ist auch eine Wiedervereinigung Deutschlands möglich. [...]

Dokumentation der Zeit. Informations-Archiv. Deutsches Institut für Zeitgeschichte Berlin (Hrsg.), Heft 264/1962, S. 44–47.

**M7 16. Tagung des ZK der SED vom 26. bis 28. Juni 1962. Über den Kampf um die deutsche Friedensregelung und die Lösung der Westberlin-Frage, Referat des Ersten Sekretärs des ZK der SED, Walter Ulbricht**

[...] Durch den antifaschistischen Schutzwall in Berlin wurde eine reale Ausgangssituation für die Verhandlungen über Westberlin geschaffen. Die Autorität der Deutschen Demokratischen Republik ist bedeutend gestiegen, und ihre Friedenspolitik findet weltweite Anerkennung. [...]

Es wurden kriminelle Elemente von Westberlin aus organisiert, die von der Hauptstadt der DDR aus Grenzkonflikte auslösen sollten. Herr Adenauer wollte am 17. Juni durch diese Provokationen zweierlei erreichen: Er wollte beweisen, daß sich in der Hauptstadt der DDR Elemente finden, die seinem Aufruf zu Diversionsakten Folge leisten. Zugleich wollte er zum Besuch des USA Außenministers Rusk den Beweis führen, daß das Besatzungsregime in Westberlin aufrechterhalten werden müsse und amerikanische Besatzungstruppen an der Grenze der DDR aufmarschieren sollen. Deshalb wurden über den Rias, durch Flugblätter usw. die wüstesten Aufrufe erlassen, die zu Mord und Terror aufforderten. Die Ermordung von Angehörigen unserer Sicherungskräfte durch Westberliner Polizei bzw. durch von den Frontstadtultras gedungene Mörder, dazu die Bombenanschläge und Sprengstoffattentate auf unsere Grenze, dazu die Sabotageakte gegen die S-Bahn und anderes mehr, haben eine gespannte Situation hervorgerufen. Diese sämtlich von Westberlin aus oder im Auftrage Westberliner oder Bonner Behörden unternommenen verbrecherischen Aktionen sind Aggressionsakte, die wir sehr ernst beurteilen. [...]

Dann wurde die Forderung gestellt, daß der Schießbefehl aufgehoben werden soll. Bei uns gibt es gar keine besonderen Schießbefehle. Bei uns gibt es eine Ordnung, wie an den Staatsgrenzen jedes anderen Landes. [...]

Dokumentation der Zeit. Informations-Archiv. Deutsches Institut für Zeitgeschichte Berlin (Hrsg.), Heft 267/1962, S. 27–36.

**M8 „Ich bin ein Berliner", US-Präsident John F. Kennedy vor dem Rathaus Schöneberg, 26. Juni 1963**

*Meine Berliner und Berlinerinnen,*

ich bin stolz, heute in Ihre Stadt zu kommen als Gast Ihres hervorragenden Regierenden Bürgermeisters, der in allen Teilen der Welt als Symbol für den Kampf- und Widerstandsgeist Westberlins gilt. Ich bin stolz, auf dieser Reise die Bundesrepublik Deutschland zusammen mit ihrem hervorragenden Herrn Bundeskanzler besucht zu haben, der während so langer Jahre die Politik der Bundesregierung bestimmt hat nach den Richtlinien der Demokratie, der Freiheit und des Fortschritts. Ich bin stolz darauf, heute in Ihre Stadt in der Gesellschaft eines amerikanischen Mitbürgers gekommen zu sein, General Clays, der hier in der Zeit der schwersten Krise tätig war, durch die diese Stadt gegangen ist, und der wieder nach Berlin kommen wird, wenn es notwendig werden sollte. Vor zweitausend Jahren war der stolzeste Satz, den ein Mensch sagen konnte, der: Ich bin ein Bürger Roms. Heute ist der stolzeste Satz, den jemand in der freien Welt sagen kann: Ich bin ein Berliner. Ich bin dem Dolmetscher dankbar, daß er mein Deutsch noch besser übersetzt hat. Wenn es in der Welt Menschen geben sollte, die nicht verstehen oder nicht zu verstehen vorgeben, worum es heute in der Auseinandersetzung zwischen der freien Welt und dem Kommunismus geht, dann können wir ihnen nur sagen, sie sollen nach Berlin kommen.

Es gibt Leute, die sagen, dem Kommunismus gehöre die Zukunft. Sie sollen nach Berlin kommen. Und es gibt wieder andere in Europa und in anderen Teilen der Welt, die behaupten, man könne mit dem Kommunismus zusammenarbeiten. Auch sie sollen nach Berlin kommen. Und es gibt auch einige wenige, die sagen, es treffe zwar zu, daß der Kommunismus ein böses und ein schlechtes System sei, aber er gestatte es ihnen, wirtschaftlichen Fortschritt zu erreichen. Aber laßt auch sie nach Berlin kommen. Ein Leben in Freiheit ist nicht leicht, und die Demokratie ist nicht vollkommen. Aber wir hatten es nie nötig, eine Mauer aufzubauen, um unsere Leute bei uns zu halten und sie daran zu hindern, woanders hinzugehen. Ich möchte Ihnen im Namen der Bevölkerung der Vereinigten Staaten, die viele tausend Kilometer von Ihnen entfernt lebt, auf der anderen Seite des Atlantiks, sagen, daß meine amerikanischen Mitbürger stolz, sehr stolz darauf sind, mit Ihnen zusammen selbst aus der Entfernung die Geschichte der letzten 18 Jahre teilen zu können. Denn ich weiß nicht, daß jemals eine Stadt 18 Jahre lang belagert wurde und dennoch lebt in ungebrochener Vitalität, mit unerschütterlicher Hoffnung, mit der gleichen Stärke und mit der gleichen Entschlossenheit wie heute Westberlin.

Die Mauer ist die abscheulichste und stärkste Demonstration für das Versagen des kommunistischen Systems. Die ganze Welt sieht dieses Eingeständnis des Versagens. Wir sind darüber keineswegs glücklich; denn, wie Ihr Regierender Bürgermeister gesagt hat, die Mauer schlägt nicht nur der Geschichte ins Gesicht, sie schlägt der Menschlichkeit ins Gesicht. Durch die Mauer werden Familien getrennt, der Mann von der Frau, der Bruder von der Schwester, und Menschen werden mit Gewalt auseinandergehalten, die zusammen leben wollen. Was von Berlin gilt, gilt von Deutschland: Ein echter Friede in Europa kann nicht gewährleistet werden, solange jedem vierten Deutschen das Grundrecht einer freien Wahl vorenthalten wird. In 18 Jahren Frieden und der erprobten Verläßlichkeit hat diese Generation der Deutschen sich das Recht verdient, frei zu sein, einschließlich des Rechtes, die Familien und die Nation in dauerhaftem Frieden wiedervereinigt zu sehen, in gutem Willen gegen jedermann. Sie leben auf einer verteidigten Insel der Freiheit. Aber Ihr Leben ist mit dem des Festlandes verbunden, und deshalb fordere ich Sie zum Schluß auf, den Blick über die Gefahren des Heute hinweg auf die Hoffnung des Morgen zu richten, über die Freiheit dieser Stadt Berlin und über die Freiheit Ihres Landes hinweg auf den Vormarsch der Freiheit überall in der Welt, über die Mauer hinweg auf den Tag des Friedens mit Gerechtigkeit. Die Freiheit ist unteilbar, und wenn auch nur einer versklavt ist, dann sind nicht alle frei. Aber wenn der Tag gekommen sein wird, an dem alle die Freiheit haben und Ihre Stadt und Ihr Land wieder vereint sind, wenn Europa geeint ist und Bestandteil eines friedvollen und zu höchsten Hoffnungen berechtigten Erdteiles, dann, wenn dieser Tag gekommen sein wird, können Sie mit Befriedigung von sich sagen, daß die Berliner und diese Stadt Berlin 20 Jahre die Front gehalten haben. Alle freien Menschen, wo immer sie leben mögen, sind Bürger dieser Stadt Berlin, und deshalb bin ich als freier Mann stolz darauf, sagen zu können: Ich bin ein Berliner.

http://www.usembassy.de/usa/etexts/ga5d-630626.htm

## M9 Abbruch der diplomatischen Beziehungen zu Kuba

Das Auswärtige Amt teilt mit: Am 14. Januar 1963 um 18 Uhr MEZ ist der Regierung der Republik Kuba gleichzeitig in Bonn und in Havanna durch eine Verbalnote folgendes mitgeteilt worden: Die Bundesregierung hat zur Kenntnis genommen, daß die kubanische Regierung diplomatische Beziehungen zu dem in der sowjetisch besetzten Zone Deutschlands herrschenden Regime aufgenommen hat. Die Bundesregierung erblickt darin eine schwere Verletzung der lebenswichtigen Belange des deutschen Volkes und sieht sich daher genötigt, die diplomatischen und konsularischen Beziehungen zu der Republik Kuba abzubrechen und die sich daraus ergebenden wirtschaftlichen Folgerungen zu ziehen.

[...] Die sowjetisch besetzte Zone Deutschlands ist kein Staat im völkerrechtlichen Sinne. Sie ist vielmehr ein Teil Deutschlands, der durch eine fremde Macht und ein von dieser eingesetztes Regime künstlich von dem übrigen Deutschland getrennt gehalten wird. Das Regime entspricht in keiner Weise dem Willen des deutschen Volkes, auch nicht dem Willen des Teiles, der in der Zone wohnt. Die Bevölkerung der Zone hatte niemals Gelegenheit, ihren Willen in demokratischer Weise kundzutun. Das dortige Regime hält sich nur mit Gewalt und unter dem Schutz der Truppen einer fremden Macht aufrecht. Wie wenig das Regime dem tatsächlichen Willen der Bevölkerung entspricht, beweist die Tatsache, daß es nur durch die Anlage von Stacheldrahthindernissen und Minenfeldern längs der Demarkationslinie zum freien Teil Deutschlands und durch die Errichtung einer Mauer in Berlin den ständigen Strom von deutschen Menschen, die vor dem Terror-Regime fliehen mußten, zu unterbinden vermochte. Der Bestand dieses Regimes und die Tatsache, daß es der deutschen Bevölkerung in der sowjetisch besetzten Zone Deutschlands verweigert wird, ihren Willen kundzutun, stellen eine grobe Verletzung des Prinzips des Selbstbestimmungsrechts dar, das von allen Völkern der Welt anerkannt wird. Das Recht auf Selbstbestimmung steht auch dem deutschen Volke zu. Der von der Bundesregierung gegenüber dem Regime in der sowjetisch besetzten Zone eingenommene Standpunkt entspricht der Auffassung der großen Mehrheit der Völkerrechtsgemeinschaft. Nur eine kleine Minderheit von Staaten, nämlich ausschließlich die kommunistischen, zu denen sich jetzt auch Kuba gesellt, hat die sowjetisch besetzte Zone Deutschlands anerkannt und mit ihr diplomatische Beziehungen aufgenommen. [...]

Bulletin (Presse- und Informationsamt der Bundesregierung) Nr. 9 vom 16. Januar 1963, S. 69–70.

### M10 Große Regierungserklärung des Bundeskanzlers Ludwig Erhard (CDU), 18. Oktober 1963

[...] Die Freiheit ist ein so hoher und absoluter Wert, daß sich ein Volk selbst preisgibt, wenn es auf sie verzichtet. Es muß das Ziel unserer Politik bleiben, den Kalten Krieg beenden zu helfen, den die Sowjets vor allem durch die Verweigerung des Selbstbestimmungsrechts für die Deutschen in der Zone seit eineinhalb Jahrzehnten führen. Die deutsche Politik wird deshalb nach innen wie nach außen immer weltweit orientiert und so freiheitlich gestaltet werden müssen wie nie zuvor in unserer Geschichte. Sie wird ihren Beitrag zur Stärkung der europäischen und atlantischen Zusammenarbeit leisten und sich dabei unverlierbar der schicksalhaften Bedeutung des engen Zusammengehens und Zusammenstehens mit allen unseren Verbündeten bewußt bleiben. [...]

Die Stellung der Bundesregierung zur Berlin-Frage ist eindeutig. Die unabdingbaren Grundsätze der deutschen Berlin-Politik lauten dahin:

1. Die Anwesenheit der Westmächte und ihre Zuständigkeiten für Berlin beruhen auf internationalem Recht, und deshalb muß jede neue Vereinbarung über Berlin auf diesen Rechten aufbauen.
2. Der freie Zugang nach Berlin muß ungeschmälert aufrechterhalten bleiben.
3. Berlin gehört zum freien Teil Deutschlands. Die mit Billigung der Schutzmächte in den vergangenen Jahren durchgeführte enge politische, rechtliche und wirtschaftliche Verflechtung Berlins mit der Bundesrepublik ist ein Grundpfeiler für die Lebensfähigkeit der Stadt. Pläne zur Bildung einer sogenannten „Freien Stadt Westberlin“ sind indiskutabel. [...]

Verhandlungen des Deutschen Bundestages. 4. Wahlperiode. 90. Sitzung. Bonn, Freitag, den 18. Oktober 1963, S. 4192–4208.

## 1.2 Republikflucht und Grenzverletzungen nach dem Mauerbau

### M1 Note der Regierung der Vereinigten Staaten an die Sowjetregierung zur Berlin-Frage, 25. Juni 1962

In einer am 7. Juni der Botschaft der Vereinigten Staaten von Amerika in Moskau übermittelten Note teilte die Regierung der Union der Sozialistischen Sowjetrepubliken der Regierung der Vereinigten Staaten ihre Ansichten zu gewissen Zwischenfällen mit, die sich kürzlich in Berlin ereignet haben. [...]

Die sowjetische Note beschwert sich über den Tod des Unteroffiziers Göring am 23. Mai. Die sowjetische Regierung sollte wissen, daß er und sein Kamerad ihre Verwundungen in dem gleichen Augenblick erlitten, als sie ge-

mäß ihren offiziellen Anweisungen auf einen fünfzehn Jahre alten Flüchtling schossen, der nach Durchschwimmen des Humboldthafens bereits Westberlin erreicht hatte, und diesen lebenslänglich zum Krüppel machten.
Die sowjetische Note führt einen Schußwechsel über die Grenze zwischen Ost- und Westberlin am 27. Mai an und macht hierfür die Westberliner Behörden verantwortlich. Die Tatsachen besagen jedoch, daß Ostberliner Wachtposten, nachdem sie einen Flüchtling noch auf dem Gebiet des Sowjetsektors in der Nähe der Grenzlinie erschossen hatten, Westberliner Polizei und Zollbeamte mit einem Kugelhagel überschütteten, als diese an einem Punkt im Gebiet des Westsektors gegenüber dem Schauplatz der Schießerei eintrafen. In diesen Fällen – wie auch in allen anderen derartigen Fällen – schossen die Ostberliner Wachtposten zuerst. Sie schossen nach Westberlin hinein, und dieses Feuer wurde von der Westberliner Polizei in einem Fall erwidert, um das Leben eines hilflosen Jungen zu retten, und in einem anderen Fall, um sich selbst vor einem unprovozierten Angriff zu schützen. Darüber hinaus ereigneten sich in der Zeit vom 8. Mai bis zum 11. Juni vier voneinander unabhängige Vorfälle, bei denen Ostberliner oder ostdeutsche Wachtposten vorsätzlich nach Westberlin hineinschossen. Bei diesen Zwischenfällen wurden drei Personen – alles Jugendliche, unter ihnen ein Mädchen – verwundet. Im gleichen Zeitraum drangen unabhängig voneinander in vier Fällen bewaffnete ostdeutsche oder Ostberliner Posten auf Westberliner Gebiet vor, wurden bei drei getrennten Zwischenfällen vier Personen aus Westberlin entführt und ereigneten sich unabhängig voneinander mindestens zehn Zwischenfälle, bei denen Westberliner Polizisten oder Bürger von Ostberliner oder ostdeutschen Wachtposten angegriffen wurden, die Flaschen oder Rauchgranaten warfen oder mit Platzpatronen und Tränengasgranaten schossen oder Schleudern mit Eisenschrott verwendeten. [...] Die oben dargelegten Tatsachen zeigen, wie die ostdeutschen und die Ostberliner Wachtposten unter Verletzung aller akzeptierten Regeln internationalen Verhaltens wehrlose Menschen getötet haben, die versuchten, über die Mauer hinweg zu fliehen. Es ist unvermeidlich, daß Maßnahmen dieser Art die Spannung noch mehr erhöhen, die durch die Teilung der Stadt hervorgerufen wurde. Die zuständigen Behörden in Westberlin haben Anweisung, alles in ihrer Macht Stehende zu tun, um eine Verschlimmerung der Situation zu verhindern. Es ist jedoch selbstverständlich, daß die Regierung der Vereinigten Staaten die Maßnahmen unterstützt, die ergriffen wurden, um die Ermordung von Flüchtlingen zu verhindern und die Gefahr für Westberlin abzuwenden, die aus den Schüssen über die Sektorengrenzen hinweg resultierte. Alle Aktionen dieser Art werden in Zukunft, wie dies bisher der Fall gewesen ist, zu entsprechenden Gegenmaßnahmen führen. [...]

Department of State Bulletin, Vol. XLVII, No. 1.203, S. 97f. Deutsch in: Kabel-Dienst (Botschaft der Vereinigten Staaten, Bad Godesberg), 25. Juni 1962. Abdruck in: Europa-Archiv. Folge 17 / 1962, S. 428f.

### M2 Note der UdSSR an die Regierung der USA zur Berlin-Frage – Antwort auf die Note der USA vom 25. Juni 1962 (veröffentlicht am 17. Juli 1962). Gleichlautende Noten richtete die UdSSR an die Regierungen Frankreichs und Großbritanniens

[...] Bedauerlicherweise trifft die Regierung der USA keine Maßnahmen zur Unterbindung dieser provokatorischen Handlungen. Mehr noch: Die amerikanischen Besatzungsbehörden in Westberlin, ja selbst die Regierung der USA, begünstigen und unterstützen, wie dies aus ihrer Note zu ersehen ist, unmittelbar die Organisatoren feindseliger Ausfälle von Westberlin aus. Dies führt dazu, daß sich der herausfordernde und gefährliche Charakter der verbrecherischen provokatorischen Tätigkeit aus Westberlin gegen die DDR immer mehr verstärkt.
Hier die Tatsachen:
Am 7. Juni versuchten Westberliner Polizisten, die mit vier Panzerspähwagen zur Stelle der Division kamen, unter Deckung französischer Gendarmen in der Gegend der Klemkestraße Grenzanlagen zu zerstören. Nur die entschie-

## M3 Schema der Grenzanlagen an der innerdeutschen Grenze

Die DDR hat seit 1952 umfangreiche Sperranlagen an der Grenze errichtet (Stacheldraht, Minenfelder, Wachtürme, Gräben), die von den Grenztruppen der DDR (ca. 47000 Mann) überwacht werden. Sie Selbstschussanlagen sind seit Herbst 1983 abgebaut, die Minen im Herbst 1985 entfernt worden. Entlang der Sperranlagen erstreckt sich das Grenzgebiet mit Schutzstreifen und Sperrzone, das ebenfalls kontrolliert wird. Diese Sperrmaßnahmen sollen jeden Kontakt zwischen den – verwandschaftlich besonders eng verbundenen – Bewohnern im beiderseitigen Grenzgebiet, vor allem auch die Flucht aus der DDR in den freien Teil Deutschlands unterbinden.

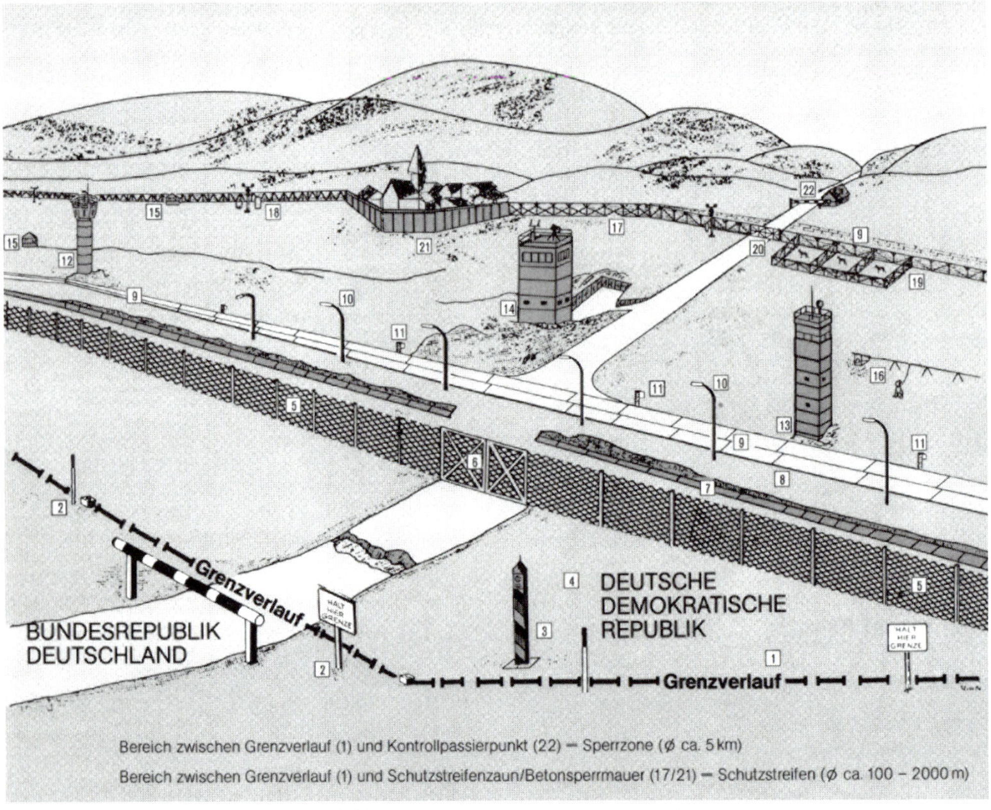


1 Grenzverlauf mit Grenzsteinen
2 Grenzhinweisschild bzw. -pfahl unmittelbar vor dem Grenzverlauf
3 DDR-Grenzsäule (ca. 1,8 m hoch, schwarz-rot-gold mit DDR-Emblem)
4 Abgeholzter und geräumter Geländestreifen
5 Einreihiger Metallgitterzaun (3,2 m hoch
6 Durchlass im Metallgitterzaun
7 Kfz.-Sperrgraben (mit Betonplatten befestigt)
8 ca. 6 m bzw. 2 m breiter Kontrollstreifen (Spurensicherungsstreifen)
9 Kolonnenweg mit Fahrspurplatten (Lochbeton)
10 Lichtsperre
11 Anschlusssäule für das erdverkabelte Grenzmeldenetz
12 Beton-Beobachtungsturm (2 x 2 m)
14 Beton-Beobachtungsturm (4 x 4 m zum Teil noch mit Führungsstelle)
15 Beobachtungsbunker
16 Hundelaufanlage
17 Modifizierter Schutzstreifenzaun mit elektronischen und akustischen Signalanlagen
18 Stromverteilungs- und Schalteinrichtungen am modifizierten Schutzstreifenzaun
19 Hundefreilaufanlage
20 Durchlasstor mit Schutzstreifenzaun mit Signaldrähten
21 Betonsperrmauer/Sichtblende
22 Kontrollpassierpunkt zur Sperrzone

Aus: Zahlenspiegel – ein Vergleich vom Bundesministerium für innerdeutsche Beziehungen, Bonn 1988, S. 127, entnommen aus: Geschichte betrifft uns Nr. 5, 2004 hrsg. von Bergmoser + Höller Verlag AG, S. 12.

denen Maßnahmen der Volkspolizei zwangen diese Elemente, sich zu entfernen. Am 8. Juni schoß Westberliner Polizei auf Volkspolizisten der DDR, die im Raume des Osthafens auf Grenzwache standen. Am 18. Juni wurde durch einen unterirdischen Tunnel, der vom amerikanischen Sektor Westberlins aus in das Territorium der DDR vorgetrieben worden war, der Diversant Müller eingeschleust. Durch einen Pistolenschuß aus unmittelbarer Nähe ermordete Müller den Unteroffizier Huhn. Die Generalstaatsanwaltschaft der DDR verlangte die Auslieferung des Mörders, aber die Westberliner Behörden erklärten, daß die Handlungen dieses Verbrechers keiner Bestrafung unterlägen. Am 26. Juni wurde vom Territorium des amerikanischen Sektors Westberlins aus wieder ein Versuch gemacht, Grenzanlagen der DDR durch Sprengung zu zerstören. Durch die Sprengung in der Gegend Friedrichstraße/Zimmerstraße wurden nahegelegene Wohnhäuser beiderseits der Grenze beschädigt. Man könnte auch viele andere Fakten anführen, die bezeugen, daß die bewaffneten Überfälle, Morde und Sprengstoffanschläge auf Grenzanlagen sowie andere verbrecherische Handlungen keine vereinzelten Zwischenfälle, sondern von vornherein geplante Aggressionsakte gegen die DDR und die mit ihr verbündeten sozialistischen Staaten sind. [...] Aus dem Gesagten geht klar hervor, wie weit die in der Note der USA-Regierung vom 25. Juni gegebene Auslegung der Zwischenfälle in Westberlin von der Wahrheit entfernt ist.

Neues Deutschland vom 17. Juli 1962. Abdruck in: Dokumentation der Zeit. Informations-Archiv. Deutsches Institut für Zeitgeschichte Berlin (Hrsg.), Heft 268/1962, S. 48 f.

### M4 Der Rat des Kreises Prenzlau berichtet am 29. Dezember 1961 in einer vertraulichen Dienstsache über die Fluchttätigkeit

[...] Leider gibt es immer noch Menschen, die dem Gegner ihr Ohr leihen, sei es durch Abhören der feindlichen Hetzsender oder des West-Fernsehens. Hierdurch in Widerspruch gebracht, wußten sie letzten Endes keinen anderen Ausweg und durch die Lobhudelei des Westens angesteckt, verließen sie die DDR und versprachen sich ein besseres Leben im „goldenen Westen". Es beweist immer wieder, daß noch nicht alle Menschen erkannt haben, daß sie durch ihre Handlungsweise die Machenschaften des Bonner Militarismus unterstützen und den Frieden fordernden Menschen in Westdeutschland in den Rücken fallen. Gerade in unserem Kreis ist es dem Klassengegner gelungen, viele Menschen zum Verlassen der DDR zu bewegen und uns hierdurch besonders in der Landwirtschaft Schaden zuzuführen. Erst die Maßnahmen unserer Regierung am 13. August 1961 zogen den Schlußstrich unter dieses schändliche Treiben. Hierdurch wurde, wie der Vorsitzende des Staatsrates W. Ulbricht sagte, der Friede gerettet und den Agenten und Saboteuren für ihren ungehinderten Zugang zum demokratischen Berlin das Handwerk gelegt. Die Maßnahmen unserer Regierung wurden von der Bevölkerung freudig begrüßt. Wie sah es in unserem Kreis vor und nach dem 13. August aus? Bis zum 13. August haben im Jahre 1961 801 Personen unseren Kreis illegal verlassen. [...] Nach dem 13. August hatten wir im Kreis Prenzlau noch zwei illegale Abwanderungen zu verzeichnen. [...] Bei der Vorbereitung illegaler Abwanderung erhielten wir aus der Bevölkerung so gut wie keine Hinweise, obwohl einigen Personen gewisse Vorbereitungen bekannt gewesen sind. [...] 1961 hatten wir im Kreis Prenzlau 81 Personen als Rückkehrer. [...] Im Laufe der Zeit sind Rückkehrer und Zugezogene straffällig geworden. Delikte wie Diebstahl, Hetze gegen unseren Staat und Verstöße gegen das Paßgesetz sind aufgetreten. [...] Der größte Teil aber führt ein geordnetes Leben und zeigt auch gute Arbeitsleistungen. [...]

Archiv des Landkreises Uckermark, Rat des Kreises Prenzlau, Abt. Innere Angelegenheiten, Az. 18–01/4.

**M5 Arbeit mit DDR-Bürgern, die vorübergehend in Westdeutschland leben, 1963**

Im Monat Dezember 1963 sind 172 westdeutsche Bürger in unseren Kreis [Prenzlau] eingereist. Hierunter befanden sich 49 Bürger der DDR, die zur Zeit in Westdeutschland leben. Von diesen eingereisten Bürgern wurde mit 37 Personen in Gruppengesprächen und mit 122 Personen in Einzelgesprächen diskutiert. Die Aussprachen wurden nach einem im Sekretariat der Nationalen Front bestätigten Plan gut vorbereitet. Es wurden Mitarbeiter des Staatsapparates sowie Funktionäre der Parteien und Organisationen hierzu eingesetzt. [...] Bei der Abteilung Volksbildung wurde eine Arbeitsgruppe für die Aussprachen mit westdeutschen Lehrern gebildet. Die Bürgermeister wurden ebenfalls beauftragt, in ihren Gemeinden die Aussprachen zu führen. [Dabei entwickelte sich] die Frage der Machtverhältnisse in den beiden deutschen Staaten, Probleme von Krieg und Frieden, Grenzsicherung und Reiseverkehr sowie andere Grundfragen. Dabei ist als positiv zu werten, daß sich verschiedene westdeutsche Besucher selbständig mit falschen Auffassungen ihrer Landsleute auseinandersetzten. [...] In allen Gesprächen wurden in der Regel von den westdeutschen Besuchern die Schritte der Regierung der DDR zur Verständigung zwischen den beiden deutschen Staaten begrüßt. Die Familie [Name geschwärzt] und auch andere westdeutsche Besucher werteten das Passagierscheinabkommen in Berlin sehr positiv. Sie erwarten, daß dies die Voraussetzungen für die Verhandlungen zwischen den Regierungen beider deutscher Staaten sind. Die Aufbauerfolge der DDR werden im allgemeinen anerkannt. So sagt Herr [Name geschwärzt] aus Westdeutschland, daß bei uns der Aufbau fortschrittlicher sei, weil er frei von kapitalistischen Interessen ist. Wörtlich sagte er, „wenn in der DDR noch einige Jahre so weiter aufgebaut wird, dann wird mir als westdeutscher Einwohner Bange um unser Niveau". [...] Die Einzelaussprachen, mit den zur Zeit in WD lebenden DDR-Bürgern haben zum Ergebnis, daß wahrscheinlich 2 dieser Bürger in die DDR zurückkommen. Sie waren beeindruckt von den Aufbauerfolgen in der DDR, begründen aber ihr Verbleiben in WD damit, daß sich dort eine Existenz geschaffen haben. Frau [Name geschwärzt] aus Aachen will gern nach Prenzlau zurückkommen, wenn ihr Ehemann mitkommt. Dieser war bis 1955 Politoffizier der NVA, fürchtet aber die Konsequenzen.

Archiv des Landkreises Uckermark, VA 5642.

**M6 Helft diesen Müttern (1963)**

Ein vermutlich von Mitgliedern kommunistischer Organisationen in Westdeutschland verbreitetes Plakat.

## M7 Flüchtlingszahlen von 1949 bis 1990

| Jahr | Übersiedler[1] insgesamt | mit Genehmigung zur Übersiedlung | Flüchtlinge[2] | davon Sperrbrecher[3] | Sonstige[4] |
|---|---|---|---|---|---|
| 1949 | – | – | 129 245 | – | – |
| 1950 | – | – | 197 788 | – | – |
| 1951 | – | – | 165 648 | – | – |
| 1952 | – | – | 182 393 | – | – |
| 1953 | – | – | 331 396 | – | – |
| 1954 | – | – | 184 198 | – | – |
| 1955 | – | – | 252 870 | – | – |
| 1956 | – | – | 279 189 | – | – |
| 1957 | – | – | 261 622 | – | – |
| 1958 | – | – | 204 092 | – | – |
| 1959 | – | – | 143 917 | – | – |
| 1960 | – | – | 199 188 | – | – |
| 1961[6] | – | – | 207 026 | – | – |
| davon: | | | | | |
| 13. 8.–1. 12. 1961[7] | 51 624 | – | 51 624 | 8 507 | – |
| 1962 | 21 356 | 4 615 | 16 741 | 5 761 | – |
| 1963 | 42 632 | 29 665 | 12 967 | 3 692 | – |
| 1964 | 41 876 | 30 012 | 11 864 | 3 155 | – |
| 1965 | 29 552 | 17 666 | 11 886 | 2 329 | – |
| 1966 | 24 131 | 15 675 | 8 456 | 1 736 | – |
| 1967 | 19 573 | 13 188 | 6 385 | 1 203 | – |
| 1968 | 16 036 | 11 134 | 4 902 | 1 135 | – |
| 1969 | 16 975 | 11 702 | 5 273 | 1 193 | – |
| 1970 | 17 519 | 12 472 | 5 047 | 901 | – |
| 1971 | 17 408 | 11 565 | 5 843 | 832 | – |
| 1972 | 17 164 | 11 627 | 5 537 | 1 245 | – |
| 1973 | 15 189 | 8 667 | 6 522 | 1 842 | – |
| 1974 | 13 252 | 7 928 | 5 324 | 969 | – |
| 1975 | 13 285 | 10 274 | 6 011 | 673 | – |
| 1976 | 15 168 | 10 058 | 5 110 | 610 | – |
| 1977 | 12 078 | 8 041 | 4 037 | 721 | – |
| 1978 | 12 117 | 8 271 | 3 846 | 461 | – |
| 1979 | 12 515 | 9 003 | 3 512 | 463 | – |
| 1980 | 12 763 | 8 775 | 3 107 | 424 | 881 |
| 1981 | 15 433 | 11 093 | 2 900 | 298 | 1 440 |
| 1982 | 13 208 | 9 113 | 2 565 | 283 | 1 530 |
| 1983 | 11 343 | 7 729 | 2 487 | 228 | 1 127 |
| 1984 | 40 974 | 34 982 | 3 651 | 192 | 2 341 |
| 1985 | 24 912 | 18 752 | 3 484 | 160 | 2 676 |
| 1986 | 26 178 | 19 982 | 4 660 | 210 | 1 536 |
| 1987 | 18 958 | 11 459 | 6 252 | 288 | 1 247 |
| 1988 | 39 832 | 29 033 | 9 705 | 590 | 1 094 |
| 1989 | 343 854 | – | – | – | 1 749 |
| 1. 1.–30. 6. 1990[8] | 249 264 | – | – | – | – |
| **Insgesamt** | **1 209 169** | **382 481** | **219 698** | **40 101** | **15 621** |
| **Gesamtzahl seit Kriegsende** | **4 617 331** | | | | |

1 Übersiedler sind deutsche Staatsangehörige und deutsche Volkszugehörige, die die DDR und Berlin (Ost) verlassen haben, um in der Bundesrepublik Deutschland einschließlich des Landes Berlin einen ständigen Aufenthalt zu begründen.
2 Flüchtlinge sind deutsche Staatsangehörige und deutsche Volkszugehörige aus der DDR oder Berlin (Ost), die die DDR ohne Genehmigung der dortigen Behörden verlassen haben und ständigen Aufenthalt im Bundesgebiet einschließlich des Landes Berlin genommen haben. 3 Sperrbrecher sind Flüchtlinge, die in das Bundesgebiet einschließlich des Landes Berlin unter Gefahr für Leib und Leben gelangt sind. 4 „Sonstige" sind deutsche Staatsangehörige und deutsche Volkszugehörige, die nach vorangegangener Haft in der DDR mit Genehmigung der dortigen Behörden oder auf deren Veranlassung ohne eigenen Antrag in die Bundesrepublik einschließlich des Landes Berlin gekommen sind. Ihre Zahl wurde ab dem 1. Januar 1980 gesondert erfasst (bis dahin in der Spalte „Flüchtlinge"). 5 Ab September 1949. 6 Zahlen 1949–1961 vgl. DDR-Almanach 1990, S. 33f. Flüchtlingszahl 1961 für das gesamte Jahr. 7 Zahlen August 1961 bis Juni 1990 vgl. Gerhard Ritter/Merith Niehuss, Wahlen in Deutschland 1946–1990, München 1991, S. 46. Flüchtlingszahl 1961 ab Mauerbau. 8 Personen, die vor dem 1. Juli 1990 in die Bundesrepublik einschließlich des Landes Berlin eingereist sind, konnten sich noch drei Monate nach dem 1. Juli 1990 als Übersiedler registrieren lassen. Davon wurden hier insgesamt 10 880 Personen miterfasst.

## 1.3 Vom Passierschein-Abkommen zur Politik der Großen Koalition (1963–1966/69)

### M1 Passierschein-Abkommen zwischen der Regierung der DDR und dem Senat von Westberlin vom 25. November 1965

Da durch den Mauerbau (1961) ganze Familien voneinander getrennt wurden, bemühte sich der Senat von Westberlin darum, wenigstens in der Weihnachtszeit und zu anderen besonderen Anlässen Besuche der Westberliner in Ostberlin zu ermöglichen. Während die DDR dem Passierschein-Abkommen den Charakter eines völkerrechtlichen Vertrages geben wollte, sahen die Bundesregierung und der Senat hierin nur eine verwaltungstechnische Vereinbarung. Das erste Passierschein-Abkommen wurde im Dezember 1963 veröffentlicht und ermöglichte nur Besuche in der Zeit vom 31.12.1963 bis zum 1.1.1964 (Ausreise bis 24.00 Uhr). Bis 1966 wurden so etwa 4,3 Millionen Verwandtenbesuche in Ostberlin ermöglicht. Nach 1966 kamen Passierschein-Abkommen nicht mehr zustande. Eine verbesserte Neuregelung erfolgte dann erst im Grundlagenvertrag 1972.

*Protokoll*

Nach der Durchführung der zweiten Passierschein-Übereinkunft vom 24. September 1964 sind Staatssekretär Dr. Michael Kohl und Senatsrat Horst Korber vom 21. Juni 1964 bis 24. November 1965 zu dreiundzwanzig Besprechungen über die weitere Ausgabe von Passierscheinen für Einwohner von Berlin (West) zum Besuch ihrer Verwandten in Berlin (Ost) in der Hauptstadt der DDR zusammengekommen. Ungeachtet der unterschiedlichen politischen und rechtlichen Standpunkte ließen sich beide Seiten davon leiten, daß es möglich sein sollte, dieses humanitäre Anliegen zu verwirklichen. In den Besprechungen wurde die als Anlage beigefügte Übereinkunft erzielt. [...]

1. a) Einwohner von Berlin (West) können mit Passierscheinen ihre Verwandten in Berlin (Ost)/in der Hauptstadt der Deutschen Demokratischen Republik in der Zeit vom 18. Dezember 1965 bis 2. Januar 1966 besuchen. b) Der Besuch kann an einem der dafür vorgesehenen Tage erfolgen. Außerdem kann ein zweiter Besuch an den Werktagen einschließlich des 24. und 31. Dezember 1965 erfolgen. c) Antragsberechtigt sind Eltern, Kinder, Geschwister, Großeltern, Enkel, Tanten und Onkel, Nichten und Neffen sowie die Ehepartner dieses Personenkreises und getrennt lebende Ehegatten.

2. a) Während der Gültigkeitsdauer dieser Übereinkunft können ab 29. November 1965 Einwohner von Berlin (West) in dringenden Familienangelegenheiten mit Passierscheinen ihre nächsten Verwandten in Berlin (Ost)/in der Hauptstadt der DDR besuchen. Als dringende Familienangelegenheiten gelten Geburten, Eheschließungen, lebensgefährliche Erkrankungen und Todesfälle. Antragsberechtigt sind Eltern, Kinder, Geschwister, Großeltern, Enkel sowie die Ehepartner dieses Personenkreises. b) Für getrennt lebende Ehepaare, deren einer Teil in Berlin (West) und deren anderer Teil in Berlin (Ost)/in der Hauptstadt der DDR wohnen, besteht nach entsprechender Prüfung die Möglichkeit der Familienzusammenführung.

Einwohner von Berlin (West), deren Ehepartner in Berlin (Ost)/in der Hauptstadt der DDR wohnen, können diese während der Gültigkeitsdauer dieser Übereinkunft ab 29. November 1965 mit Passierscheinen zur gemeinsamen Beantragung der Familienzusammenführung besuchen. c) Besuche gemäß Absatz a) und b) sind unabhängig von den Verwandtenbesuchen gemäß Nr. 1 möglich. 3. Die Einreise mit Kraftfahrzeugen ist genehmigungspflichtig. Sie kann zur Vermeidung von Spitzenbelastungen versagt werden. 4. Staatssekretär Dr. Kohl erklärt, Voraussetzung für die Genehmigung von Anträgen auf Passierscheine ist, daß der Antragsteller nicht gegen die Gesetze der Deutschen Demokratischen Republik verstoßen hat. [...] Kinder unter 16 Jahren können ihre Verwandten nur in Begleitung ihrer Eltern oder eines anderen Erziehungsberechtigten besuchen. [...]

Übergangsstellen sind: Chausseestraße, Invalidenstraße, Sonnenallee (für Fahrzeug- und Fußgängerverkehr), Oberbaumbrücke (für

Fußgängerverkehr), Bahnhof Friedrichstraße (für Benutzer der S-Bahn und der U-Bahn) [...]

Neues Deutschland vom 26. November 1965. Abgedruckt in: Dokumentation der Zeit. Informations-Archiv. Deutsches Institut für Zeitgeschichte Berlin (Hrsg.), Heft 348/1965, S. 1–3.

### M2 Große Regierungserklärung des Bundeskanzlers Kurt-Georg Kiesinger (CDU), 1966

Herr Präsident, meine Damen und Herren! [...] Zum erstenmal haben sich die Christlich Demokratische und Christlich Soziale Union und die Sozialdemokratische Partei auf der Ebene des Bundes zur Bildung einer gemeinsamen Regierung entschlossen. Das ist ohne Zweifel ein Markstein in der Geschichte der Bundesrepublik, ein Ereignis, an das sich viele Hoffnungen und Sorgen unseres Volkes knüpfen. Die Hoffnungen richten sich darauf, daß es der Großen Koalition, die über eine so große, zwei Drittel weit übersteigende Mehrheit im Bundestag verfügt, gelingen werde, die ihr gestellten schweren Aufgaben zu lösen, darunter vor allem die Ordnung der öffentlichen Haushalte, eine ökonomische, sparsame Verwaltung, die Sorge für das Wachstum unserer Wirtschaft und die Stabilität der Währung. Dies alles sind Voraussetzungen des privaten und öffentlichen Wohles in unserem wie in jedem anderen Lande. Sie verbürgen der Regierung und dem Parlament die nötige Kraft zum Handeln in allen Bereichen der inneren und äußeren Politik. Die Sorgen vieler gelten den möglichen Gefahren einer Großen Koalition, der nur eine verhältnismäßig kleine Opposition gegenübersteht. [...]

Auch diese Bundesregierung betrachtet sich als die einzige deutsche Regierung, die frei, rechtmäßig und demokratisch gewählt und daher berechtigt ist, für das ganze deutsche Volk zu sprechen. Das bedeutet nicht, daß wir unsere Landsleute im anderen Teil Deutschlands, die sich nicht frei entscheiden können, bevormunden wollen. Wir wollen, soviel an uns liegt, verhindern, daß die beiden Teile unseres Volkes sich während der Trennung auseinanderleben. Wir wollen entkrampfen und nicht verhärten, Gräben überwinden und nicht vertiefen. Deshalb wollen wir die menschlichen, wirtschaftlichen und geistigen Beziehungen mit unseren Landsleuten im anderen Teil Deutschlands mit allen Kräften fördern. Wo dazu die Aufnahme von Kontakten zwischen Behörden der Bundesrepublik und solchen im anderen Teil Deutschlands notwendig ist, bedeutet dies keine Anerkennung eines zweiten deutschen Staates. Wir werden diese Kontakte von Fall zu Fall so handhaben, daß in der Weltmeinung nicht der Eindruck erweckt werden kann, als rückten wir von unserem Rechtsstandpunkt ab. Die Bundesregierung ist um die Ausweitung des innerdeutschen Handels, der kein Außenhandel ist, bemüht. Sie wird dabei auch eine Erweiterung von Kreditmöglichkeiten anstreben und gewisse organisatorische Maßnahmen zur Verstärkung der innerdeutschen Kontakte ins Auge fassen. Die Bundesregierung will alles tun, um die Zugehörigkeit Berlins zur Bundesrepublik zu erhalten, und gemeinsam mit dem Senat und den Schutzmächten prüfen, wie die Wirtschaft Berlins und seine Stellung in unserem Rechtsgefüge gefestigt werden können. Wir wollen, was zum Wohl der Menschen im gespaltenen Deutschland möglich ist, tun und, was notwendig ist, möglich machen. [...]

Bulletin (Presse- und Informationsamt der Bundesregierung) Nr. 157 vom 14. Dezember 1966, S. 1265–1270.

### M3 Erklärung der Regierung der Vereinigten Staaten an die sowjetische Regierung betreffend die politischen Verhältnisse in der Bundesrepublik Deutschland, 1967

Die Regierung der Vereinigten Staaten nimmt Bezug auf die Erklärung der Regierung der Union der Sozialistischen Sowjetrepubliken vom 8. Dezember 1967. Die Geschichte der amerikanischen Deutschland-Politik seit dem Zweiten Weltkrieg läßt klar erkennen, welche Bedeutung die amerikanische Regierung den Verpflichtungen beimißt, die sie gemeinsam mit der Sowjetunion, Frankreich und Großbritannien hinsichtlich der Zukunft Deutschlands übernommen hat. Die amerikanische

Regierung hat sich bei der Behandlung der deutschen Frage, die Bundesrepublik und Berlin eingeschlossen, konsequent an diese Verpflichtungen gehalten und in einer Weise gehandelt, die den Verantwortlichkeiten der Vereinigten Staaten als einer der vier Mächte entspricht.

Die beharrliche Ablehnung jedweden Totalitarismus durch die amerikanische Regierung ist aller Welt bekannt und braucht nicht noch einmal besonders betont zu werden. Von dieser Grundhaltung ausgehend, müssen die Vereinigten Staaten die gegen die Regierung der Bundesrepublik vorgebrachten Beschuldigungen als völlig unhaltbar zurückweisen. Die Regierung der Bundesrepublik ist die einzige frei gewählte und repräsentative Regierung in Deutschland. Es gibt keinerlei Beweis dafür, daß die Regierung der Bundesrepublik Deutschland in irgendeiner Weise totalitäre Ideen unterstützt hat oder dies jetzt tut. Die derzeitige Regierung stellt die freie Entscheidung der großen Mehrheit des deutschen Volkes dar; sie ist eine Koalition von Parteien, die sich in Geist und Handeln von demokratischen Grundsätzen leiten lassen. Dies gilt auch für die Oppositionspartei im Bundestag.

Die sowjetische Behauptung, die Bundesrepublik stelle eine Bedrohung für ihre Nachbarn dar, ist gänzlich unbegründet. In Wahrheit ist die Regierung der Bundesrepublik, wie die Sowjetunion weiß, bestrebt, die Beziehungen zu ihren Nachbarn zu verbessern, und bereit, Abkommen über einen gegenseitigen Verzicht auf Gewaltanwendung abzuschließen. Die Bundesrepublik hat schon vor dreizehn Jahren auf die Herstellung von Kernwaffen verzichtet und hat wiederholt klargemacht, daß sie nicht beabsichtige, solche Waffen zu erwerben. Die Streitkräfte der Bundesrepublik sind Teil der Nordatlantikpakt-Organisation, unterstehen ihrem Kommando und sind ihrer Natur und Bestimmung nach defensiv. Sie stellen für niemanden eine Bedrohung dar.

Die Regierung der Vereinigten Staaten unterstützt die Bemühungen der Bundesrepublik, die Spannung zwischen sich und den Ländern Osteuropas einschließlich der Sowjetunion zu verringern und für alle Deutschen humanere Lebensbedingungen zu erreichen. Die Regierung der Vereinigten Staaten hofft, daß diese Bemühungen wie auch die Bemühungen der Mächte, die besondere Verantwortlichkeiten für Deutschland als Ganzes haben, schließlich dazu führen, sich über eine gerechte und friedliche Lösung der deutschen Frage zu einigen, die den legitimen Interessen aller Völker einschließlich des deutschen Volkes gerecht wird und den Frieden in Europa festigt.

Botschaft der Vereinigten Staaten in Bonn. Presseverlautbarung Nr. 412 vom 29. Dezember 1967. Abdruck in: Europa-Archiv. Folge 5/1968, S. 120 f. 29.

## 2 Planwirtschaft kontra Marktwirtschaft – Die wirtschaftliche Entwicklung der beiden deutschen Staaten

Wie weit sich die DDR von einer realistischen Wirtschaftspolitik entfernt hatte, zeigt schon allein die von Walter Ulbricht 1958 propagierte These „Überholen ohne einzuholen", die darauf abzielte, die BRD in kürzester Zeit wirtschaftspolitisch in den Schatten zu stellen. Die in der DDR zwischen 1952 und 1960 vollzogene Kollektivierung der Landwirtschaft und die Vergenossenschaftlichung des Handwerks führte vor dem Mauerbau 1961 zu einem Produktionsrückgang und zu einer zunehmenden Fluchtbewegung, die wiederum zu einem Arbeitskräftemangel beitrug, den man auch durch eine zunehmende Frauenbeschäftigung auszugleichen suchte. So lag der Anteil der weiblichen Beschäftigten an den Erwerbstätigen im Vergleich zur Bundesrepublik immer um etwa fünf Prozentpunke höher. In der DDR war das Recht auf Arbeit seit 1949 verfassungsrechtlich (Artikel 15) garantiert.
Obgleich die Arbeitsproduktivität der ostdeutschen Wirtschaft immer weit hinter der der Bundesrepublik zurückblieb, setzte in der DDR nach 1961 eine wirtschaftliche und politische Stabilisierung ein. Während die DDR als Mitglied des 1949 gegründeten Rates für gegenseitige Wirtschaftshilfe (RGW) weiterhin auf Planwirtschaft und sozialistische Produktions- und Eigentumsverhältnisse setzte, verfolgte die BRD als Mitglied der Europäischen Wirtschaftsgemeinschaft (EWG) nach wie vor liberale und marktwirtschaftliche Prinzipien, die auch den Schutz des Privateigentums beinhalteten. Der wirtschaftliche Aufschwung der Bundesrepublik wurde 1966 durch eine Wirtschaftskrise und zunehmende Arbeitslosigkeit gebremst. Die guten Einkommensverhältnisse der Bundesrepublik (1988 lag das durchschnittlich verfügbare Monatseinkommen eines Haushalts bei 4054 DM), die für einen sehr hohen Lebensstandard sorgten, dürfen jedoch auch nicht darüber hinwegtäuschen, dass es auch in den 1970er und 1980er Jahren zahlreiche Arbeitslose und Personen, die auf öffentliche Unterstützung angewiesen waren, gab.
Die hohen Ziele der DDR-Wirtschaft, die in Mehrjahresplänen (häufig Fünfjahrplänen) von politischen Führungsebenen der SED vorgegeben wurden, konnten nur selten erfüllt werden. Trotzdem fanden sich in den täglichen Pressemeldungen immer wieder Berichte von übererfüllten Plänen und der angeblichen Überlegenheit des sozialistischen Wirtschaftssystems, das sich frei von kapitalistischen Krisen entwickeln könne.
Der Unmut der DDR-Bürger über ihre eigene Unfreiheit und über die vielfältigen Versorgungsprobleme wuchs in den 1980er Jahren stark an.

### 2.1 „Überholen ohne einzuholen" – Wirtschaft und Sozialpolitik in der DDR

**M1 Beschluss des VII. Bauernkongresses: Für gute genossenschaftliche Arbeit in jeder LPG – Für Frieden und Sozialismus, veröffentlicht am 18. März 1962**

Wir Genossenschaftsbäuerinnen und Genossenschaftsbauern der Deutschen Demokratischen Republik bauen, geführt von der Sozialistischen Einheitspartei Deutschlands, mit allen Kräften der Nationalen Front des demokratischen Deutschland den Sozialismus in der Landwirtschaft auf. Unter Führung und im festen Bündnis mit der Arbeiterklasse kämpfen wir für die gute genossenschaftliche Arbeit in jeder LPG, für den Aufbau des sozialistischen Dorfes, für Frieden und Sozialismus. […]

Der Aufbau des Sozialismus in der DDR, der von uns gewählte und beschrittene Weg der LPG stimmt überein mit der gesetzmäßigen Entwicklung unserer Zeit, der Epoche des weltweiten Übergangs vom Kapitalismus zum Sozialismus. [...] Der Sozialismus wird unabdingbar auch in Westdeutschland siegen. Die glückliche Zukunft der Bauern in ganz Deutschland liegt im Sozialismus. [...] Unsere Erfahrungen und die erreichten Erfolge beweisen, daß es keinen anderen Weg zur endgültigen Befreiung der Bauern als den Weg der sozialistischen Umgestaltung der Landwirtschaft gibt. Mit dem vollgenossenschaftlichen Zusammenschluß im Frühjahr 1960 fand der jahrhundertelange Befreiungskampf der deutschen Bauern in unserer Republik seine Krönung. [...] Unsere zehnjährige genossenschaftliche Entwicklung ist durch eine ständig steigende Marktproduktion gekennzeichnet. [...] So, wie wir heute auf sozialistische Art in der gesellschaftlichen Wirtschaft der LPG arbeiten, werden wir morgen in unserem Arbeiter-und-Bauern-Staat leben. Einen anderen Weg gibt es nicht. [...] Mit der Entwicklung der genossenschaftlichen Arbeit beschreiten wir den Weg vom Ich zum Wir. Durch das Zusammenleben im Kollektiv, durch die genossenschaftliche Arbeit entwickelt sich auch auf dem Lande der Mensch der neuen Zeit, dem Egoismus, Spekulation, Neid und Individualismus fremd sind. Er ist ehrlich gegenüber der Genossenschaft, weil es seine Genossenschaft ist, er ist ehrlich gegenüber dem Staat, weil es sein Arbeiter-und-Bauern-Staat ist. Der Grundsatz der Ehrlichkeit gegenüber der Genossenschaft und dem Arbeiter-und-Bauern-Staat muß zu einem festen Bestandteil der guten genossenschaftlichen Arbeit werden. Wir haben begonnen, die soziale Ungleichheit, die uns früher trennte, zu beseitigen. Wir geben niemand mehr die Möglichkeit, sich die Früchte der Arbeit anderer anzueignen, um sich persönlich zu bereichern. [...]

Unsere LPG werden immer mehr zum kulturellen und geistigen Mittelpunkt des Dorfes. Die moderne sozialistische Produktion verlangt von allen Mitgliedern der LPG hohe politische und fachliche Kenntnisse. [...]

In Westdeutschland entwickeln sich unter imperialistischer Herrschaft kapitalistische Großbetriebe in der Landwirtschaft auf Kosten der Klein- und Mittelbauern, die im Verlaufe der letzten 15 Jahre zu Tausenden Land, Haus und Hof an die Großgrundbesitzer und Großbauern verloren haben und verlieren. Die Bonner Agrarpolitik ist vollkommen den Interessen des mit den USA-Imperialisten verflochtenen westdeutschen Finanzkapitals untergeordnet. Die imperialistischen Machthaber, deren Herrschaft bei uns für immer beseitigt ist, herrschen heute noch in Westdeutschland und setzen dort die Politik der Revanche, der Kriegsvorbereitung und der Ruinierung der werktätigen Landbevölkerung fort. Seit Jahren betreiben die westdeutschen Finanzkapitalisten eine ökonomische, politische und militärische Expansionspolitik im Interesse der Sicherung ihrer Vorherrschaft in Westeuropa und der Vorbereitung eines Aggressionskrieges gegen die sozialistischen Länder. Alle agrarpolitischen Maßnahmen des Bonner Regimes dienen diesem Ziel. Unter dem Deckmantel einer sogenannten Strukturverbesserung und Herstellung eines gemeinsamen Agrarmarktes in der „Europäischen Wirtschaftsgemeinschaft“ organisieren diese unverbesserlichen Feinde des deutschen Volkes ein bisher in der Geschichte Deutschlands noch nie dagewesenes Bauernlegen. Mehr als 400 000 Wirtschaften werktätiger Bauern fielen bereits dieser Politik zum Opfer. Der jüngste Schritt dieser antinationalen, reaktionären, bauernfeindlichen Politik sind die Brüsseler Beschlüsse zur weiteren Unterjochung der westdeutschen Landwirtschaft unter den Stiefel der NATO. Während in der DDR zur Vorbereitung des VII. Deutschen Bauernkongresses eine große Diskussion über die gute genossenschaftliche Arbeit zur Mehrung des Wohlstandes der Bauern und der ganzen Bevölkerung geführt wurde, ist auf der Konferenz der EWG-Staaten in Brüssel das Todesurteil über weitere 800 000 westdeutsche Bauernhöfe gesprochen worden. Dieses groß angelegte Bauernschlachten durch die Monopole liefert die westdeutschen Bauern erbarmungslos dem Konkurrenzkampf auf dem „EWG Agrarmarkt" aus.

Bauern-Echo (Berlin) vom 18. März 1962. Abdruck in: Dokumentation der Zeit. Informations-Archiv. Deutsches Institut für Zeitgeschichte Berlin (Hrsg.), Heft 253/1962, S. 261/38–261/49.

## M2 Gesetz über den Fünfjahrplan für die Entwicklung der Volkswirtschaft der DDR 1971–1975 vom 20. Dezember 1971

Entsprechend den Beschlüssen des VIII. Parteitages der Sozialistischen Einheitspartei Deutschlands [besteht die] Hauptaufgabe des Fünfjahrplanes in der weiteren Erhöhung des materiellen und kulturellen Lebensniveaus des Volkes auf der Grundlage eines hohen Entwicklungstempos der sozialistischen Produktion, der Erhöhung der Effektivität, des wissenschaftlich-technischen Fortschritts und des Wachstums der Arbeitsproduktivität. Die Ziele des Fünfjahrplanes sind darauf gerichtet, durch die immer bessere Nutzung der Vorzüge der sozialistischen Gesellschaftsordnung das Volkseigentum zu mehren und die materiell-technische Basis des Sozialismus als Grundlage für die weitere Verbesserung der Arbeits- und Lebensbedingungen der Bevölkerung zu stärken. Der Fünfjahrplan dient dem Wohle der Arbeiterklasse und des ganzen Volkes. Seine Verwirklichung ist untrennbar verbunden mit der allseitigen Entwicklung der Fähigkeiten und Talente der Arbeiterklasse und aller Werktätigen, der Entfaltung ihrer schöpferischen Aktivität und der tätigen Mitarbeit sowie dem initiativreichen Einsatz eines jeden. [...] Durch Steigerung der Konsumgüterproduktion in Industrie und Landwirtschaft in hoher Qualität und sortimentsgerecht ist eine stabile Versorgung der Bevölkerung vor allem mit Waren des Grundbedarfs zu gewährleisten und der Warenfonds zur Versorgung der Bevölkerung durchschnittlich jährlich um 4,1 % auf 122 % 1975 gegenüber 1970 zu erhöhen. Im Zeitraum des Fünfjahrplanes dürfen keine Preiserhöhungen bei Verbraucherpreisen für Konsumgüter erfolgen. Das Angebot in den niedrigen Preisgruppen ist entsprechend dem Bedarf zu sichern. Im Zeitraum 1971–1975 sind 500 000 Wohnungen zu schaffen. Insbesondere sind die Wohnverhältnisse der Arbeiterklasse in den Zentren der industriellen Entwicklung zu verbessern. Neubauten von Wohnhäusern sind vorwiegend fünf- bzw. sechsgeschossig zu errichten. In den neuen Wohngebieten sind gleichzeitig mit den Wohnungen Schulen, Kindergärten, Kinderkrippen, Räume für kulturelle Betätigung sowie Gesundheits- und Handelseinrichtungen zu schaffen. [...]

Das einheitliche sozialistische Bildungswesen ist kontinuierlich weiterzuentwickeln und die in der Verfassung der DDR festgelegte 10klassige Oberschulbildung bis 1975 im wesentlichen zu verwirklichen. Durch den Neubau von mindestens 16 000 Unterrichtsräumen und 500 Turnhallen sind bessere Unterrichtsbedingungen zu schaffen. Durch die Erhöhung der Anzahl der Kinderkrippenplätze auf 300 je 1000 Kinder im Alter bis zu 3 Jahren, der Kindergartenplätze auf 750 je 1000 Kinder im Vorschulalter und 660 Hortplätze je 1000 Schüler der Klassen 1–4 im Jahre 1975 sind die Bildungs- und Erziehungsmöglichkeiten sowie die Bedingungen für die Berufstätigkeit der Frauen weiter zu verbessern. [...]

Ausgehend von den abgeschlossenen langfristigen Abkommen und Vereinbarungen und der wachsenden Arbeitsteilung und Kooperation in Wissenschaft und Technik sowie in der materiellen Produktion sind die Außenwirtschaftsbeziehungen mit den Mitgliedsländern des RGW, insbesondere der UdSSR, als entscheidende Grundlage für die gesamten Außenwirtschaftsbeziehungen der DDR, im Zeitraum des Fünfjahrplanes vorrangig weiterzuentwickeln. [...] Ausgehend von den Interessen der DDR und auf der Basis der Gleichberechtigung ist der Außenhandel mit den europäischen und außereuropäischen kapitalistischen Ländern weiterzuentwickeln. [...]

Für den Einsatz des wachsenden Aufkommens von Erdgas aus Eigenförderung und ab 1973 aus der UdSSR sind der Bau der Erdgasleitungen und die termingemäße Nutzung, besonders in der chemischen Industrie, der Metallurgie, im Bauwesen, der Glas- und keramischen Industrie und der Energiewirtschaft, zu gewährleisten. Zur Vertiefung der sozialistischen ökonomischen Integration mit der UdSSR und der CSSR sind die von der DDR übernommenen Verpflichtungen für den Bau der Erdgastransitleitung termingemäß zu erfüllen. [...]

Gesetzblatt der DDR. Jahrgang 1971. Teil I. Nr. 10 vom 24. Dezember 1971, S. 175–190.

### M3 Der Stellvertretende Ministerratsvorsitzende Gerhard Schürer über 25 Jahre sozialistische Planwirtschaft in der DDR, 1974

*25 Jahre DDR – gute Bilanz sozialistischer Planwirtschaft*

[...] Deutlicher denn je treten im 25. Jahr des Bestehens der DDR Rolle, Bedeutung und Erfolge der sozialistischen Planwirtschaft zutage, die unter der Führung der Partei der Arbeiterklasse ständig weiterentwickelt wurde. Sie hat großen Anteil an der Entwicklung unserer Republik zu einem international geachteten sozialistischen Staat mit moderner Industrie und leistungsfähiger Landwirtschaft, zu einem Land mit hohem Bildungs- und Kulturniveau, zu einem stabilen Faktor des Friedens und des Sozialismus im Herzen Europas.

*Grundforderung der Arbeiterklasse erfüllt*

Auf der 12. Tagung des Zentralkomitees der SED stellte Erich Honecker in seinem bedeutsamen Schlußwort fest: „Heute entfaltet sich das Leben bei uns überall auf festen, sozialistischen Fundamenten. Die sozialistische Staatsmacht ist erstarkt. Ständig weiter ausgestaltet wird die sozialistische Demokratie. Unsere entwickelte Industrie und die Fortschritte der modernen Produktion auf dem Lande zeugen ebenso wie die Ergebnisse in anderen Bereichen von der Kraft sozialistischer Planwirtschaft.“ Es ist unumstößliche Tatsache: Eine solche Entwicklung, wie sie die DDR zu verzeichnen hat, war nur möglich durch die bewußte Nutzung der ökonomischen Gesetze des Sozialismus, durch sozialistische Leitung und Planung. [...] Die zentrale Planung im volkswirtschaftlichen Maßstab erfolgte stets unter der demokratischen Mitwirkung der Werktätigen, wodurch eine der Grundforderungen der Arbeiterklasse erfüllt wurde. Die Aktionslosung von damals „Plane mit, arbeite mit, regiere mit!“ ist zum Allgemeingut geworden.

Anstelle der dem Kapitalismus wesenseigenen Konkurrenz und Anarchie, anstelle von Zersplitterung und Gegeneinander im Handeln der Menschen wurde eine höhere Form der gesellschaftlichen Organisation der Produktion herbeigeführt. [...]

*Unsere Planwirtschaft bewies Überlegenheit.*

25 Jahre DDR haben die Überlegenheit der sozialistischen Planwirtschaft gegenüber der kapitalistischen Wirtschaft klar und eindrucksvoll bewiesen. Wie oft ist die imperialistische Propaganda in den vergangenen Jahren über unser Wirtschaftssystem, über unsere Planung, hergezogen. Man wollte Bürgern unseres Landes einreden, ohne sozialistische Planwirtschaft ginge es besser voran. Doch unsere Erfolge haben deutlich gemacht: Nur die sozialistische Planwirtschaft vermag allen Werktätigen die wachsende Befriedigung ihrer Lebensbedürfnisse, die freie und allseitige Entfaltung ihrer Persönlichkeit und soziale Sicherheit zu gewährleisten. Im Gegensatz dazu treten gegenwärtig die unheilbaren Gebrechen des Kapitalismus besonders deutlich hervor. Inflationistische Preisentwicklung, wachsende Sorge der Werktätigen um den Arbeitsplatz, Diskriminierung und Benachteiligung des arbeitenden Menschen auf jedem Gebiet, andererseits Riesenprofite der multinationalen Konzerne – diese Erscheinungen sind typisch für die kapitalistische Welt.

Außenpolitische Korrespondenz (Hauptabteilung Presse des Ministeriums für Auswärtige Angelegenheiten der DDR) Nr. 34 vom 22. August 1974, S. 259–262.

### M4 Eingabe einer Besitzerin eines PKW „Trabant“ an den Generalsekretär des ZK der SED Erich Honecker

*„Der Zustand in den Geschäften für PKW-Ersatzteile ist katastrophal“*

Werter Genosse Honecker!

Da ich mich seit einem halben Jahr in Karl-Marx-Stadt und Umgebung bisher vergeblich um 4 neue Trabantreifen bemüht habe, sehe ich mich gezwungen, mich mit der Bitte um Hilfe an Sie zu wenden. Ich besitze seit 1977 einen PKW vom Typ „Trabant" und habe bisher ca. 30000 km damit zurückgelegt. Die Reifen sind dringend erneuerungsbedürftig, da das Profil fast völlig abgefahren ist. Bisher ist es mir trotz umfangreicher Bemühungen nicht gelungen, 4 Reifen zu erstehen. [ ...] Da am vergangenen Wochenende durch einen unglücklichen Zufall (Glassplitter auf der Straße) noch ein Reifen unbrauchbar geworden war, mußten wir das Reserverad montieren und sind nun total aufgeschmissen, da man ja ohne Ersatzrad laut Straßenverkehrsordnung keine größeren Strecken fahren darf. Der Zustand in den Geschäften für PKW-Ersatzteile ist katastrophal und schockierend! Immer mehr Autobesitzer gehen auf Grund der unzumutbaren Ersatzteillage dazu über, sich Reifen, Außenspiegel usw. durch Diebstahl zu beschaffen. Daß man sich nicht gerade freut, wenn man früh feststellt, daß der Außenspiegel gestohlen wurde, dürfte doch klar sein. Nun befürchten wir jeden Tag, daß es uns mit den Reifen genauso gehen könnte, da wir „Laternenparker" sind! Ich glaube kaum, daß es im Sinne einer sozialistischen Moral und Lebensweise ist, durch fehlende Ersatzteile Rechtsbrecher am laufenden Band heranzuziehen! Beim Ingenieurstudium hören wir in den Konsultationen in fast jedem Fach, wie weit unser Lebensstandard fortgeschritten sein soll! Bis jetzt habe ich bei den Ersatzteilen jedoch noch nichts davon bemerken können. Oder soll sich die Erhöhung des materiellen Lebensniveaus neuerdings so bemerkbar machen, daß man sich ein nagelneues Auto kaufen muß, wenn man ein paar Reifen braucht? Ähnlich ist es bei Tonbandkassetten. Da getraut man sich schon gar nicht mehr danach zu fragen, weil einen die Verkäufer glatt auslachen! So etwas entbehrt in meinen Augen jeder Logik. Besonders erfreulich ist es, wenn einem auf seine Frage nach Reifen zur Antwort gegeben wird: „Jaa, heute früh haben wir eine halbe Stunde lang pro Person 2 Reifen verkauft, aber jetzt gibt es nichts mehr!!!" Sollen die Berufstätigen dafür, daß sie für unseren Staat, für eine gesicherte Zukunft arbeiten, noch bestraft werden, indem ihnen jede Möglichkeit genommen wird, auch nach der Arbeitszeit noch an „Mangelware" heranzukommen? Es gibt nicht nur Schichtarbeiter, die sich auch mal vormittags nach Reifen anstellen können und somit wenigstens die Chance haben, mal etwas zu erwischen. Der verlängerte Erholungsurlaub soll doch sicher nicht dazu dienen, daß sich die Normalschichtler gezwungen sehen, Urlaub zu nehmen, um sich dann ab und zu nach Autoreifen anzustellen? In unserer Stadt (und sicher nicht nur hier) herrscht nämlich die schöne Sitte, Reifen immer nur vormittags zu verkaufen! Bei den jetzigen Zuständen fragt man sich wirklich, wozu man überhaupt noch auf Arbeit geht, da man für sein Geld ohnehin nicht das kaufen kann, was man benötigt (ich denke dabei außer an die von uns dringendst benötigten Trabantreifen noch an Bett- und Tischwäsche, Gläser, Töpfe usw.). Wo soll da noch die vielgepriesene Arbeitsfreude herkommen, wenn man den Erfolg seiner tagtäglichen Bemühungen nicht sieht und jeden Tag neue Rückschläge in den Geschäften bekommt? Ich bitte Sie um Stellungnahme in der gesetzlich vorgeschriebenen Frist und um einen Hinweis, wo ich mich noch um Trabantreifen bemühen kann, ohne mit einem „Bedaure" da sind schon seit langem keine mehr da gewesen abgefertigt zu werden. Man wird ja zur Zeit direkt gezwungen, sich unlauterer Mittel und Wege zu bedienen, wenn man sein Auto nicht „auf Eis legen" will oder mit abgefahrenen Reifen zuletzt noch einen Unfall bauen will! In der Hoffnung, von Ihnen bald einen positiven Bescheid in bezug auf die Reifenbeschaffung zu erhalten, verbleibe ich:

*Mit sozialistischem Gruß [...]*

Kuhrt, Eberhard (Hrsg.): Am Ende des realen Sozialismus. Beiträge zu einer Bestandsaufnahme der DDR-Wirklichkeit in den 80er Jahren. Band 2: Die wirtschaftliche und ökologische Situation der DDR in den 80er Jahren. Opladen 1996, S. 213f.

## M5 DDR: Eindrucksvolle Bilanz der Volkswirtschaft 1984

[...] Im Ergebnis hervorragender Leistungen der Werktätigen wurde das Jahr 1984 in der Volkswirtschaft zum bisher erfolgreichsten in der Geschichte der DDR. Der Kurs der Hauptaufgabe in seiner Einheit von Wirtschafts- und Sozialpolitik wurde erfolgreich fortgesetzt. Nach vorläufigen Angaben stieg das produzierte Nationaleinkommen um 5,5 Prozent. 90 Prozent des Zuwachses resultieren aus der Steigerung der Arbeitsproduktivität. Der Produktionsverbrauch wurde gesenkt. Die intensiv erweiterte Reproduktion bestimmt die Entwicklung der Volkswirtschaft. Im Bereich der Industrieministerien wuchs die Nettoproduktion um 8,5 Prozent. Die Arbeitsproduktivität wurde um 7,7 Prozent gesteigert. Die Kosten je 100 Mark Warenproduktion sanken um 2,3 Prozent. Die industrielle Warenproduktion erhöhte sich im Bereich der Industrieministerien um 4,5 Prozent. Der hohe Produktionszuwachs bei Fertigerzeugnissen für die Bevölkerung ermöglichte ein Wachstum des Einzelhandelsumsatzes an Industriewaren um 5 Prozent. Insgesamt verkaufte der Einzelhandel 1984 für 4,2 Milliarden Mark mehr Waren an die Bevölkerung als im Vorjahr. Das ist eine Steigerung des Einzelhandelsumsatzes von 4,1 Prozent. Die Nettogeldeinnahmen der Bevölkerung erhöhten sich gegenüber dem Vorjahr um 3,9 Prozent. Die Dienstleistungen und Reparaturen für die Bevölkerung wuchsen in der örtlichen Versorgungswirtschaft um über 4 Prozent. Im Wohnungsbau ist mit 207034 neugebauten beziehungsweise modernisierten Wohnungen das bisher höchste Jahresergebnis erreicht worden. Für weitere 621000 Bürger verbesserten sich damit die Wohnverhältnisse. [...]

Außenpolitische Korrespondenz (Hauptabteilung Presse des Ministeriums für Auswärtige Angelegenheiten der DDR) Nr. 2 vom 18. Januar 1985. S. 15.

## M6 DDR-Wirtschaftswissenschaftler Jürgen Nitz und Gerhard Scharschmidt über den Platz der DDR in der Weltwirtschaft, 14. April 1989

*Hervorragender Platz der DDR in der Weltwirtschaft*

Die Leipziger Frühjahrsmesse hat den Kombinaten und Außenhandelsbetrieben der DDR volle Auftragsbücher gebracht. Geschäfte mit Partnern aus aller Welt, voran mit unserem wichtigsten Partner, der Sowjetunion, beweisen die Leistungskraft der DDR-Wirtschaft, die mit einem hochwertigen Angebot an Investitions- und Konsumgütern, wissenschaftlich-technischen Ergebnissen und Technologien aufwartete. Weltwirtschaftliche Prozesse spielen für die DDR eine bedeutende Rolle. Zwar nimmt sie nach der Größe des Territoriums nur den 98. Platz in der Welt ein, nach der Einwohnerzahl steht sie an 27. Stelle, jedoch gehört sie heute zu den am meisten entwickelten Industrienationen der Welt. Ihre enge außenwirtschaftliche Verflechtung drückt sich darin aus, daß über die Hälfte des jährlich produzierten Nationaleinkommens wert- und gebrauchswertmäßig erst über die Außenwirtschaftsbeziehungen ihre für Wirtschaft und Bevölkerung nutzbare Form erhält. Dank dieser hohen Außenhandelsintensität der Wirtschaft belegt die DDR mit dem 19. Rang einen der vorderen Plätze in der Weltrangliste des Außenhandels. [...]

Außenpolitische Korrespondenz (Hauptabteilung Presse des Ministeriums für Auswärtige Angelegenheiten der DDR) Nr. 15 vom 14. April 1989, S. 118–120.

## M7 Tabellen zur Konsumgeschichte der DDR

### a) Entwicklung der Sparguthaben der Bevölkerung der DDR zwischen 1950 und 1989

| Jahr | Geld der Bevölkerung Mrd. Mark | Spareinlagen Mrd. Mark | Bargeldumlauf Mrd. Mark |
|---|---|---|---|
| 1950 | 5,2 | 1,8 | 3,4 |
| 1955 | 9,9 | 5,8 | 4,1 |
| 1960 | 24,2 | 29,7 | 4,5 |
| 1965 | 40,7 | 35,5 | 5,2 |
| 1970 | 65,6 | 58,2 | 7,4 |
| 1975 | 93,1 | 83,0 | 10,1 |
| 1977 | 94,6 | 83,3 | 11,3 |
| 1980 | 111,9 | 99,7 | 12,3 |
| 1985 | 137,6 | 124,0 | 13,6 |
| 1989 | 167,6 | 152,0 | 15,6 |

Statistisches Jahrbuch der DDR 1989, SPAMO BArch L 102-2184, Bl. 6.

### b) Entwicklung der monatlichen Bruttogehälter in der DDR zwischen 1950 und 1989

| Jahr | Produktions-arbeiter | Ange-stellte | Landwirt-schaft | Handel | Durchschnitt insgesamt | Rentner |
|---|---|---|---|---|---|---|
| 1955 | 435 | 459 | 324 | 365 | 432 | |
| 1960 | 567 | 575 | 475 | 480 | 555 | |
| 1965 | 640 | 655 | 573 | Ohne Angabe | 633 | |
| 1970 | 748 | 768 | 710 | 659 | 755 | |
| 1975 | 869 | 893 | 886 | 768 | 889 | |
| 1980 | 1 018 | 1 038 | 1 000 | 868 | 1 021 | |
| 1985 | 1 116 | 1 145 | 1 076 | 979 | 1 130 | |
| 1988 | 1 260 | 1 290 | 1 197 | 1 088 | 1 269 | 380 |

Statistisches Jahrbuch der DDR 1989, S. 23, 51, 129, 351.

c) Ausstattung der Haushalte der DDR mit ausgewählten technischen Konsumgütern

| Jahr/Gerät | Kühlschränke | Fernsehgeräte | Rundfunkgeräte | Waschmaschinen | PKW |
|---|---|---|---|---|---|
| 1955 | 0,4 | 1,2 | 77,1 | 0,5 | 0,2 |
| 1960 | 9,0 | 18,5 | 89,9 | 6,2 | 3,2 |
| 1965 | 25,9 | 53,7 | 86,5 | 27,7 | 8,2 |
| 1970 | 56,4 | 73,6 | 91,9 | 53,6 | 15,6 |
| 1975 | 84,7 | 87,9 | 96,3 | 73,0 | 26,2 |
| 1980 | 108,8 | 105,0 | 99,0 | 84,4 | 38,1 |
| 1985 | 144,5 | 117,6 | 99,0 | 99,3 | 48,2 |
| 1989 | | | | 102,0 | |

Statistisches Jahrbuch der DDR 1987, S. 53; 1989, S. 56.

## 2.2 „Wohlstand für alle"? – Wirtschaft und Sozialpolitik in der BRD

### M1 Bundeskanzler Willy Brandt (SPD) zur Reformpolitik, 1971

Bundeskanzler Willy Brandt gab in der 109. Sitzung des Deutschen Bundestages am 24. März 1971 folgende Erklärung der Bundesregierung ab:

Herr Präsident, meine Damen und Herren! [...] Erinnern wir uns: In den fünfziger Jahren hat das deutsche Volk in der Bundesrepublik in einem stürmischen und erfolgreichen Wiederaufbau aus einer Trümmerlandschaft eine der leistungsfähigsten Industrienationen der Welt geschaffen. Große Anstrengungen aller Schichten unseres Volkes und der Regierungen waren dazu nötig. So wurden überragende wirtschaftliche Leistungen erzielt. Unsere eben erst neu geschaffene gesellschaftliche und politische Ordnung hat sich in dieser Phase weithin bewährt. Inzwischen sind Wirtschaft und Gesellschaft längst über die Phase des Wiederaufbaus hinausgewachsen. [...] Der Begriff der inneren Reformen, wie er in meiner Regierungserklärung vom Oktober 1969 verwendet wurde, sollte und soll deutlich machen, daß wir uns zu schrittweisen Anpassungen und Veränderungen unserer staatlichen und gesellschaftlichen Wirklichkeit bekennen. [...] Unsere Reformen sind an Zielvorstellungen zu messen, die ich für die Bundesregierung noch einmal nennen möchte:

- mehr Humanität in unserer Gesellschaft
- gleiche Lebenschancen
- mehr soziale Gerechtigkeit
- mehr Freiheit für den einzelnen
- Sicherheit im Innern und nach außen
- mehr Mitwirkung für den Bürger in unserem Gemeinwesen. [...]

Bulletin (Presse- und Informationsamt der Bundesregierung) Nr. 45 vom 25. März 1971, S. 457–464.

### M2 Große Regierungserklärung des Bundeskanzlers Helmut Schmidt (SPD), 1974

Bundeskanzler Helmut Schmidt gab in der 100. Sitzung des Deutschen Bundestages am 17. Mai 1974 folgende Regierungserklärung ab:

*I. Die politische Grundlinie*

Frau Präsidentin, meine Damen und Herren! Die neue Regierung der Bundesrepublik Deutschland setzt das sozial-liberale Bündnis fort, das seinen politischen Willen in der

Regierungserklärung vom 18. Januar 1973 zum Ausdruck gebracht hat. Jene Erklärung gilt für die ganze Legislaturperiode. Heute ziehen wir eine Zwischenbilanz. Der Wechsel im Amt ändert nichts an der fortgeltenden Richtigkeit und Notwendigkeit sozial-liberaler Politik in unserem Lande. Diese Leitlinie werden wir konsequent weiterhin verfolgen. In einer Zeit weltweit wachsender Probleme konzentrieren wir uns in Realismus und Nüchternheit auf das Wesentliche, auf das, was jetzt notwendig ist, und lassen anderes beiseite. [...]

Jetzt und in diesen Wochen geht es um das Hauptstück der Reform, nämlich um die Umgestaltung der Lohn- und Einkommensteuer und um die damit verbundene Neuordnung des Familienlastenausgleichs mit dem neuen Kindergeld. Wir wollen damit den elementaren Anspruch auf ein sozial gerechteres und, soweit dies möglich ist, ein einfacheres Einkommensteuerrecht erfüllen. Wenn diese Reform in Kraft getreten sein wird, d.h. am 1. Januar 1975, so wird die Belastung der Steuerzahler, insbesondere die Belastung kleinerer und mittlerer Einkommen, jährlich um 10 bis 12 Milliarden DM geringer sein als vorher. Die Einkommen der unteren und mittleren Einkommensbezieher werden sich also netto entsprechend erhöhen. [...] Durch die Verabschiedung des Betriebsverfassungsgesetzes und des Personalvertretungsgesetzes ist die Position des einzelnen Arbeitnehmers am Arbeitsplatz, in den Betrieben und in den Verwaltungen, gestärkt worden. Jetzt geht es um die Mitbestimmung der Arbeitnehmer in den Entscheidungsgremien der Unternehmer. Wir wollen durch Mitbestimmung den Arbeitnehmern Chancen und Rechte schaffen, auf die Gestaltung ihrer Arbeits- und Lebensverhältnisse mehr Einfluß zu nehmen. Sie sollen ihre Erfahrungen, ihre Vorschläge zur Geltung bringen können. Wir sind überzeugt, daß es zum Anfang des Jahres 1975 gelingen wird, dieses wichtige Gesetz in Kraft zu setzen. [...]

Die Bundesregierung hat Vorsorge getroffen zum besseren Schutz der Lebens- und Umweltbedingungen. Das Bundesimmissionsschutzgesetz schafft die Voraussetzungen, gegen die Verursacher von Luftverschmutzung und Lärmbelästigung vorzugehen. [...]

Die Energiekrise der vergangenen Monate wird ja über Jahre hinandauern. Niemand darf sich täuschen: Auch wenn wir genug Öl haben, die Krise ist trotzdem nicht verschwunden. Energie ist so teuer geworden, daß wir es uns bei jedem Quentchen Energie überlegen müssen, ob wir es benutzen.

Die Energiekrise hat in den vergangenen Monaten, was die Organisation des Umweltschutzes angeht, einige Fragen neu und dringlicher aufgeworfen, als wir sie in der Vergangenheit gestellt haben. [...]

Wir haben das System der sozialen Sicherung ausgebaut und die Sozialleistungen verbessert. Allein in den drei Jahren 1972, 1973 und 1974 sind die Renten um 44 Prozent gestiegen. Sicher, ein Teil davon ist durch Preissteigerungen aufgezehrt worden. Tatsache bleibt, daß die reale Kaufkraft – nach Abzug der Preissteigerungen – für die Rentner binnen drei Jahren um 19 Prozent gestiegen ist. [...]

Der im Herbst 1973 von den Landesregierungen und der Bundesregierung beschlossene Bildungsgesamtplan ist der langfristige Rahmen für die Entwicklung des gesamten Bildungswesens unseres Staates, [...]. Der dem Bundestag vorliegende Hochschulrahmengesetzentwurf ebnet den Weg nicht nur zu einer bundeseinheitlichen Rahmenregelung der Hochschulorganisation, sondern schafft vor allem auch notwendige Voraussetzungen für die längst überfällige Studienreform.

Dieses Gesetz muß zügig verabschiedet werden. Die Länder und der Bund tragen dafür gleichermaßen große Verantwortung. [...]

Bulletin (Presse- und Informationsamt der Bundesregierung) Nr. 60 vom 18. Mai 1974, S. 593–604.

## M3 Gesamtwirtschaftliche Entwicklung 1969–1990

| Jahr | Inflation[1] (Veränderung in %) | Arbeitslosenquote[2] (in %) | Arbeitslose (in Tsd.) | Erwerbspersonen[3] (in Tsd.) | Wachstumsrate (in % BSP)[4] | Außenbeitrag (in % BSP)[5] | Produktivität[6] (Veränderung in %) | Lohnstückkosten[7] (Veränderung in %) | Nettoinvestitionen (in % NSP)[8] |
|---|---|---|---|---|---|---|---|---|---|
| 1969 | 2,1 | 0,8 | 179 | 26535 | 7,4 | 1,0 | 3,7 | 11,7 | 19,5 |
| 1970 | 3,3 | 0,7 | 149 | 26817 | 5,4 | 0,6 | 2,6 | 8,7 | 18,2 |
| 1971 | 5,4 | 0,8 | 185 | 26957 | 3,1 | 0,4 | 3,9 | 5,4 | 17,2 |
| 1972 | 5,5 | 1,1 | 246 | 27121 | 4,3 | 0,2 | 3,6 | 8,0 | 16,5 |
| 1973 | 7,0 | 1,2 | 273 | 27433 | 4,7 | 0,2 | 1,4 | 9,8 | 12,4 |
| 1974 | 7,0 | 2,5 | 582 | 27411 | 0,0 | 0,7 | 1,5 | 5,4 | 9,4 |
| 1975 | 5,9 | 4,6 | 1074 | 27184 | −1,1 | 1,6 | 5,9 | 1,8 | 11,6 |
| 1976 | 4,3 | 4,5 | 1060 | 27034 | 5,5 | 0,7 | 2,7 | 3,7 | 10,9 |
| 1977 | 3,7 | 4,3 | 1030 | 27038 | 2,6 | 0,5 | 2,1 | 3,3 | 11,2 |
| 1978 | 2,7 | 4,1 | 993 | 27212 | 3,4 | 0,5 | 2,5 | 3,2 | 13,5 |
| 1979 | 4,1 | 3,6 | 876 | 27528 | 4,1 | 0,9 | −0,5 | 7,3 | 13,0 |
| 1980 | 5,5 | 3,6 | 889 | 27948 | 0,9 | −0,5 | 0,1 | 4,6 | 9,6 |
| 1981 | 6,3 | 5,1 | 1272 | 28305 | 0,0 | −1,2 | 0,2 | 4,0 | 7,5 |
| 1982 | 5,2 | 7,2 | 1833 | 28558 | −1,1 | −0,4 | 3,2 | 0,3 | 8,5 |
| 1983 | 3,3 | 8,8 | 2258 | 28605 | 2,1 | 0,6 | 2,7 | 0,8 | 8,4 |
| 1984 | 2,4 | 8,8 | 2266 | 28695 | 3,1 | 0,5 | 1,2 | 1,6 | 7,6 |
| 1985 | 2,0 | 8,9 | 2304 | 28897 | 1,9 | 1,4 | 1,0 | 2,7 | 7,8 |
| 1986 | −0,1 | 8,5 | 2228 | 29188 | 2,3 | 2,3 | 0,8 | 2,4 | 7,6 |
| 1987 | 0,2 | 8,5 | 2229 | 29386 | 1,5 | 4,0 | 2,9 | 0,1 | 8,5 |
| 1988 | 1,3 | 8,4 | 2242 | 29608 | 3,7 | 3,7 | 2,1 | 0,6 | 9,4 |
| 1989 | 2,8 | 7,6 | 2038 | 29799 | 4,2 | 3,8 | 2,7 | 2,1 | 10,1 |
| 1990 | 2,7 | 6,9 | 1883 | 30369 | 5,5 | 4,5 | 1,8 | 3,8 | 10,3 |

Deutsche Geschichte in Quellen und Darstellung Bd. 11, Bundesrepublik und DDR 1969–1990, Stuttgart 1996, S. 84 und 137.

1 Preissteigerungen der Gesamtlebenshaltung aller privaten Haushalte.
2 Anteil der Erwerbslosen an der Zahl der abhängigen Erwerbspersonen (beschäftigte Arbeitnehmer plus Arbeitslose).
3 Beschäftigte Arbeitnehmer plus Arbeitslose.
4 Prozentuale Veränderung des Bruttosozialprodukts (BSP).
5 Differenz zwischen Ausfuhr und Einfuhr von Waren und Dienstleistungen (einschließlich der Erwerbs- und Vermögenseinkommen).
6 Bruttoinlandsprodukt (in Preisen von 1991) je Erwerbstätigem (Inlandskonzept).
7 Lohnkosten je Produkteinheit; berechnet als: Bruttoeinkommen aus unselbstständiger Arbeit je beschäftigtem Arbeitnehmer (Inlandskonzept) dividiert durch Bruttoinlandsprodukt in Preisen von 1991 je Erwerbstätigem (Inlandskonzept).
8 Prozentualer Anteil der Nettoinvestitionen (Anlageveränderungen und Vorratsveränderung jeweils abzüglich Abschreibungen) am Nettosozialprodukt (NSP).

# 3 Die Kultur- und Bildungspolitik der beiden deutschen Staaten

Die Partei- und Staatsführung der DDR ließ die Kultur- und Bildungsarbeit, die sehr stark auf eine marxistisch-leninistische Traditionslinie ausgerichtet war, in besonderer Weise kontrollieren und überwachen. Der gesamte Kulturapparat wurde durch die zuständigen Abteilungen des ZK der SED und das 1954 gegründete Ministerium für Kultur angeleitet. Artikel, Manuskripte und Liedtexte wurden begutachtet und zensiert. Die Künstleragentur entschied, welche Rockgruppen, Schriftsteller oder Interpreten Auslandsverträge abschließen durften. Andersdenkende, nichtstaatskonforme Künstler und Intellektuelle wurden konsequent verfolgt oder mit Berufsverbot belegt. Dadurch vertiefte sich die Kluft zwischen den Intellektuellen und der SED, die ein klares Bekenntnis zum Arbeiter- und Bauernstaat und zum Sozialismus einforderte und andere Sichtweisen in keiner Weise tolerierte. Nach der Ausbürgerung des Liedermachers Wolf Biermann (1976) sah sich die DDR-Staatsführung in einer unvorhergesehenen Konfrontation mit einem großen Teil der Kulturschaffenden, die sich nicht mehr mit den alten Mitteln anleiten und disziplinieren ließen. Die Kirche entwickelte sich in dieser Zeit zu einer wichtigen Plattform der kritischen Kultur- und Jugendarbeit. Aber auch der Kulturbund der DDR und die URANIA (Gesellschaft zur Verbreitung wissenschaftlicher Erkenntnisse), die eine gewisse Monopolstellung in der Kulturarbeit besaßen, konnten in den 1980er Jahren einen erheblichen Zulauf verzeichnen, was u. a. an dem gestiegenen Interesse für Umweltschutz, Denkmalspflege sowie Lokal- und Regionalgeschichte lag. Da Vereinsgründungen in der DDR nicht statthaft waren, konnte sich die Kulturarbeit nur im Rahmen des Kulturbundes und einer staatlich sanktionierten Organisationsstruktur entfalten.
Die kulturpolitischen Kontakte zur Bundesrepublik entwickelten sich auch nach 1972 nur äußert schwerfällig. So hatte sich die Abgrenzungsideologie der DDR schon zu Beginn der 1970er Jahre in der Behauptung, in der DDR entwickle sich eine eigenständige sozialistische deutsche Nationalkultur, verrannt. Durch Rundfunk und Fernsehen war es dennoch vielen DDR-Bürgern möglich, auch einen Teil der pluralistisch orientierten Kulturangebote der Bundesrepublik zu konsumieren.

## 3.1 Von Rockmusikern, Intellektuellen und anderen Staatsfeinden – Die Kultur- und Bildungspolitik der DDR

### M1 Wolf Biermann – vom unbequemen Dichter zum „Staatsfeind“

Der gebürtige Hamburger Wolf Biermann stammt aus einer kommunistisch orientierten Familie. Sein Vater wurde 1943 als kommunistischer Widerstandskämpfer im KZ Auschwitz von den Nazis ermordet. Geprägt von der Kriegs- und Nachkriegszeit und den Illusionen eines demokratischen Neubeginns zog es ihn ausgerechnet im Jahr des Arbeiteraufstandes 1953 in die noch junge DDR. Hier absolvierte er ein zweijähriges Studium der politischen Ökonomie und war als Regieassistent am Berliner Ensemble tätig. Von 1959 bis 1963 studierte er Philosophie und Mathematik an der Humboldt-Universität. Zu dieser Zeit entstanden schon erste Texte und Kompositionen. Das von ihm und seinen Freunden 1961/62 aufgebaute „Berliner Arbeiter- und Studententheater“ wurde schon nach der Generalprobe seines ersten gesellschaftskritischen Stückes „Berliner Beratung“ wieder geschlossen. Es folgten Biermanns Ausschluss aus der SED und erste Auftrittsverbote. Nachdem Biermann nun auf verschiedenen Veranstaltungen in Westberlin und der BRD aufgetreten war, wurde ihm in der DDR ein uneingeschränktes Auftrittsverbot erteilt. Erst nach elf Jahren DDR-Berufsverbot trat Biermann wieder öffentlich auf, bevor man ihn als unbequemen Dichter endgültig auswies.

*Wie aus einem ersten Auftritt nach elfjährigem Berufsverbot in der DDR der letzte werden sollte*

Volker von der Heydt, 1976 Kantor an der Prenzlauer Nikolaikirche, besuchte Biermann mehrmals in seiner Berliner Wohnung, die erwartungsgemäß von Männern in langen Ledermänteln bewacht wurde. Die Gespräche mit Biermann hinterließen auf von der Heydt einen nachhaltigen Eindruck. Er berichtete, daß auf Biermanns Wohnzimmertisch nebeneinander eine Bibel und ein Buch von Karl Marx lagen. Erst nach ihrem dritten Besuch erklärte sich Biermann bereit, unter dem Motto „bewußt leben in der DDR, nicht alles mitmachen, sich aber auch nicht völlig ausklinken" in der Nikolaikirche aufzutreten. Man lag mit diesem Motto auf einer Wellenlänge und wollte weniger staatsfeindlich auftreten, als vielmehr Denkanstöße für ein besseres Leben in der DDR geben. [...]

*Biermann über seinen Auftritt in der Prenzlauer Nikolaikirche*

In einem Brief an seine in Hamburg lebende Mutter berichtet Biermann von dieser Veranstaltung. Dieser Brief, der am 20.09.1976 in der Zeitschrift „Der Spiegel" veröffentlicht wurde, soll hier auszugsweise vorgestellt werden.

Emma liebe Mutter, liebste Genossin [...] Ich habe vor paar Tagen in Prenzlau in einer Kirche gesungen. Nach elf Jahren der erste Auftritt. Ich war eingeschüchtert, die Kirchenleute waren entzückt: Herr Biermann, so voll war unsere Kirche seit langem nicht, und das verdanken wir Ihnen. Eine riesige schöne alte Kirche ohne Kirchturm in der Heine-Straße, und gerammelt voll mit jungen Leuten. [...] Das Ganze lief als Gottesdienst, auf diese Weise ersparten sich die Kirchenleute die polizeiliche Anmeldepflicht und brauchten für meinen Auftritt nicht um eine Genehmigung nachsuchen. Als der Jugendpfarrer von Prenzlau mich eingeladen hatte, war die Rede von 100 Zuhörern. Ich hatte mich also auf ein christliches Kaffeekränzchen eingerichtet, aber in so einem gewaltigen Gottesfaß mit so vielen Leuten drin, da hören die Albernheiten auf. Eine Prenzlauer Beat-Band mit einer DDR-Vermona-Verstärkeranlage war auch da, die Jungs hatten nur zwei Titel drauf, und die Anlage hatte einen teuflischen Piepton wegen der unvermeidlichen Rückkopplung. [...] Ich ließ also die Anlage abstellen und bat die Leute näher zu kommen. Und so kletterten die jugendlichen Helden auf die Bühne und zwängten sich in die vorderen Sitzreihen, saßen übereinander und auf den Lehnen und Gebetbuchtischen, ein Menschenknäuel um mich rum. Um mich herum starrten die Mikrophone der verschiedensten Mitschneider: der offiziellen Pfaffentonmeisterei, diverser Pastoren, langhaarige Jugendliche und auch die Herren von der Sicherheit waren da mit einem Cassetten-Recorder. Ich redete und sang und unterbrach die Lieder und redete. Ich sprach und sang über das ABHAUN. Es wurde ein Traktat gegen das Abhaun, eine Predigt gegen die Republikflucht. Was soll aus der DDR werden, wenn immer diejenigen davonlaufen, die endlich in Widerspruch zu den Verhältnissen geraten sind? Natürlich ist es um allerhand reaktionäre Stinker nicht schad, nicht alle, die uns verlassen haben, waren die Fettaugen auf der deutschen demokratischen Wassersuppe, aber zumindest waren es doch die Aufrichtigen, Empfindsamen und Verletzlichen, die uns verloren gingen. [...] Ich sagte dann, daß es ja eigentlich drei Arten des Abhauns gebe: Zweitens nämlich das Abhaun nach innen, die Republikflucht in die Republik, die Flucht in die private Idylle oder in die offizielle Karriere. [...], die DDR-Jesus-Leute, für die das Evangelium geschrumpft ist auf den armseligen Satz: Jesus liebt mich. Was kümmert mich der Terror in der Schule, die Barbarei der Polizei, der Trott auf Arbeit, was geht mich die beschissene Welt an – Jesus liebt mich, und ihr könnt mir alle mal.

Und dann gibt es noch ein dritte Art von Abhaun: die Flucht in den Tod – dieser Satz wirkte wie ein Schock. Alle dachten an den Pastor Brüsewitz. Ich sagte: Als ich hierher fuhr, dachte ich: was kann ein Kommunist diesen DDR-Christen schon erzählen. Soll ich von unseren Gemeinsamkeiten reden? Warum hab ich in all den elf Jahren meines Berufsverbots die vielen Angebote, in der Kirche aufzutreten, abgelehnt? Warum habe ich es jetzt und zum erstenmal gemacht? Werde ich unterm Rock der Kirche genügend Luft kriegen zu singen? Ist das ein Ersatz für mich? Hat es für mich, für sie hier einen Sinn? [...] Ich fand, daß im großen und ganzen die DDR-Christen für mich kein Ersatzpublikum sind, sondern gute und aufrichtige Leute, denn wer in unserem Land Karriere machen will, wer wirklich hochkommen will, der tritt ja in die Staatskirche unserer Landesfürsten ein. Die normalen DDR-Christen aber werden (ausgenommen ein paar CDU-Bonzen) diskriminiert, in Ausbildung und Beruf oft benachteiligt. [...] Mir jedenfalls war diese Prenzlauer Predigt eine weltliche Wohltat, jetzt weiß ich es wieder besser: „Es gibt ein Leben vor dem Tod."

Nachdem „Der Spiegel" den kompletten Brief abgedruckt und Biermann nur wenige Wochen später am 13. November in der Kölner Sporthalle erneut aufgetreten war, wurde ihm das „Recht auf weiteren Aufenthalt in der DDR" entzogen. Die Tageszeitung „Neues Deutschland" berichtete am 17. November ausführlich über die Aberkennung der DDR-Staatsbürgerschaft und sprach von einer „angemessenen Antwort auf (das) feindselige Auftreten gegen (die) DDR". Diese Entscheidung wurde aufgrund des „Gesetzes über die Staatsbürgerschaft des Deutschen Demokratischen Republik – Staatsbürgerschaftsgesetz – vom 20. Februar 1967, Paragraph 13, nach dem Bürgern wegen grober Verletzung der staatsbürgerlichen Pflichten die Staatsbürgerschaft der DDR aberkannt werden kann", gefaßt. Noch am selben Tag verfaßten zahlreiche Künstler und Kulturschaffende einen offenen Brief als Protestschreiben gegen die Ausbürgerung Biermanns:

Wolf Biermann war und ist ein unbequemer Dichter – das hat er mit vielen Dichtern der Vergangenheit gemein. Unser sozialistischer Staat, eingedenk des Wortes aus Marxens „18. Brumaire", demzufolge die proletarische Revolution sich unablässig selber kritisiert, müßte im Gegensatz zu anachronistischen Gesellschaftsformen eine solche Unbequemlichkeit gelassen nachdenkend ertragen können. Wir identifizieren uns nicht mit jedem Wort und jeder Handlung Biermanns und distanzieren uns von Versuchen, die Vorgänge um Biermann gegen die DDR zu mißbrauchen. Biermann selbst hat nie, auch nicht in Köln, Zweifel daran gelassen, für welchen der beiden deutschen Staaten er bei aller Kritik eintritt. Wir protestieren gegen seine Ausbürgerung und bitten darum, die beschlossene Maßnahme zu überdenken. [...]

„Warte nicht auf bessere Zeiten" – Wolf Biermann und sein Konzert in Prenzlau. In: Horch und Guck. Historisch-literarische Zeitschrift des Bürgerkomitees „15. Januar" e.V., 9. Jahrgang / Heft 32, 2000 (4), S. 51–53.

## M2 Strategiepapier des MfS zum Vorgehen gegen Wolf Biermann

Die Maßnahmen, die der Staatssicherheitsdienst der DDR gegen Wolf Biermann plante und z. T. durchführte, können als Beispiel für ein entsprechendes Vorgehen gegen kritische Künstler und Mitglieder der Friedens- und Bürgerrechtsbewegung angesehen werden. Stets war es das Bestreben, in den unmittelbaren Freundes- oder Familienkreis Spitzel einzuschleusen und die Oppositionellen beruflich zu schädigen und durch Vortäuschen oder Veranlassen von Straftaten oder Ausschweifungen persönlich zu diskreditieren. Die Zersetzung der Persönlichkeit durch Zerstören von Ehen und Freundschaftsbeziehungen oder der Gesundheit durch „medizinische" Maßnahmen wurde planmäßig betrieben. Das Einschleusen mehrerer Spitzel zugleich – bei Havemann, Biermann, Bohley und vielen anderen – ermöglichte dem Staatssicherheitsdienst auch die Überwachung der Spitzel selbst. Hinzu kam das systematische Abhören von Telefongesprächen und Wohnungen. Überraschend war nach 1990 insbesondere die Erkenntnis, daß die SED diese Maßnahmen mit der Übersiedlung der Betreffenden nicht einstellte, sondern in der Bundesrepublik fortsetzte.

1. Maßnahmen zur Verhinderung und Eindämmung der feindlichen, politisch-ideologischen Wirksamkeit/Verbreitung

a) im Operationsgebiet[3] gesteuert

– z.B. geeigneten Journalisten-IM[4] zur Diffamierung einsetzen (sinnentstellende Äußerungen usw. in Presse o.a. Massenmedien veröffentlicht)

– über IM Konflikte zwischen den Verlegern herbeiführen

– Verunsicherung des Verbindungssystems (fiktive Werbungen, HA-VI-Kontrollen[5], Zoll usw.)

– Einreisesperren durch HA VI.

b) in der DDR

– Förderungsverträge, um vertragsrechtliche Maßnahmen einleiten zu können (Lizenzentzug usw.)

– Manuskriptdiebstähle und Unbrauchbarmachung von technischen Hilfsmitteln/Tonbandgeräte u.a. Geräte zerstören bzw. durch nicht gleich zu erkennende Eingriffe funktionsuntüchtig machen/Filme belichten, Bänder löschen

– Verbreitung sinnentstellender Verfälschung – Nachahmung von Texten und Musik.

2. Maßnahmen zur Zersplitterung und Verunsicherung des Verbindungs- und Anhängerkreises sowie der eigenen Person

– fiktive Werbungen

– Desinformationen hineintragen zur Schaffung von Widersprüchen

– Verdächtigung von Einzelpersonen über Zusammenarbeit mit MfS (kann auch auf eigene Person angewendet werden)

– gezielte betriebliche Aussprachen mit ausgewählten Personen

– Störung des Verbindungssystems/häufige Veränderung der Telefonnummer/Leitungsstörungen verursachen (z.B. wenn wichtige Verabredungen geplant sind)

– Festnahmen (Schaffung von Bedingungen, die zu kriminellen Handlungen führen) z.B. Trunkenheit am Steuer usw.

– Auftritte von „Widersprechern" bei Zusammenkünften organisieren

– ständige ideologische Auseinandersetzung, dosiert, daß er selbst zu Zweifeln beginnt

– zielgerichtete Heranziehung zum Wehrdienst.

3. Maßnahmen zur Schaffung psychischer Belastungen

– Zerstörung seines Persönlichkeitsbildes durch negative Beeinflussung seiner Lebensgewohnheiten, z.B. zum Alkoholmißbrauch veranlassen

Zu sexuellen Ausschweifungen (Minderjährige) veranlassen (Möglichkeiten für EV[6] durch K[7] prüfen und veranlassen)

– Liebesverhältnisse, die bestehen, zerstören

– falsche ärztliche Betreuung

– persönliches Eigentum beschädigen [...]

Der Spiegel, Jg. 1992, Nr. 5, S. 182f. Zitiert nach: Deutsche Geschichte in Quellen und Darstellung, Bd. 11. Stuttgart 1996, S. 235–238.

3 Gemeint ist die Bundesrepublik
4 Informeller Mitarbeiter (der Staatssicherheit)
5 HA: Stasi-Hauptabteilung
6 EV: Ermittlungsverfahren
7 K: Kriminalpolizei

## M3 Erich Honecker geht in seinem auf der 11. Tagung des ZK der SED gehaltenen Bericht auf die politische Entwicklung der DDR im Jahre 1965 ein

Einen Teil seiner Rede widmet er der Tätigkeit des Liedermachers Wolf Biermann, der 1953 in die DDR übersiedelte und 1976 ausgebürgert wurde.

*Liebe Genossinnen und Genossen!*

[...] Die aktive Rolle der Kunst und Literatur besteht gerade darin, die Überwindung der Widersprüche auf der Grundlage unserer sozialistischen Bedingungen im bewußten Handeln der Menschen durch die konstruktive Politik von Partei und Staat künstlerisch zu erfassen. Wir sind selbstverständlich nicht gegen die Darstellung von Konflikten und Widersprüchen, wie sie beim Aufbau des Sozialismus auftreten. Wir sind nicht für eine oberflächliche Widerspiegelung der Wirklichkeit. Uns geht es um den parteilichen Standpunkt des Künstlers bei der politischen und ästhetischen Bewertung unserer Wirklichkeit und damit auch um sein aktives Mitwirken bei der Darstellung der Konflikte und ihrer Lösungen im Sozialismus. Die Orientierung auf die Summierung von Fehlern, Mängeln und Schwächen wird von Kreisen genährt, die daran interessiert sind, gegenüber der Politik der DDR Zweifel zu erwecken und die Ideologie des Skeptizismus zu verbreiten. Zu diesen Kreisen gehört zum Beispiel Wolf Biermann. In einem Gedichtband, der im Westberliner Wagenbach-Verlag erschien, hat Biermann die Maske fallen lassen. Im Namen eines schlecht getarnten spießbürgerlich-anarchistischen Sozialismus richtet er scharfe Angriffe gegen unsere Gesellschaftsordnung und unsere Partei. Mit seinen von gegnerischen Positionen geschriebenen zynischen Versen verrät Biermann nicht nur den Staat, der ihm eine hochqualifizierte Ausbildung ermöglichte, sondern auch Leben und Tod seines von den Faschisten ermordeten Vaters. Biermann wird systematisch vom Gegner zum Bannerträger einer sogenannten literarischen Opposition der DDR, zur Stimme der „rebellischen Jugend" gemacht. Davon zeugen Sendungen westdeutscher Rundfunkstationen, Berichte in der westdeutschen Presse und Rezensionen zu seinem in Westberlin erschienenen Gedichtband. Biermann wird dort als ein „äußerst freimütiger und kühner Kritiker des mitteldeutschen Regimes" gefeiert. Biermanns sogenannte Gedichte kennzeichnen sein spießbürgerliches, anarchistisches Verhalten, seine Überheblichkeit, seinen Skeptizismus und Zynismus. Biermann verrät heute mit seinen Liedern und Gedichten sozialistische Grundpositionen. Dabei genießt er wohlwollende Unterstützung und Förderung, einiger Schriftsteller, Künstler und anderer Intellektueller. Es ist an der Zeit, der Verbreitung fremder und schädlicher Thesen und unkünstlerischer Machwerke, die zugleich auch stark pornographische Züge aufweisen, entgegenzutreten. Es stärkt nicht die Autorität des Deutschen Schriftstellerverbandes und anderer Organisationen, wie zum Beispiel des Deutschen Kulturbundes, wenn sie sich nicht mit diesen Machwerken auseinandersetzen. […]

Neues Deutschland vom 16. Dezember 1965. Abgedruckt in: Dokumentation der Zeit. Informations-Archiv. Deutsches Institut für Zeitgeschichte Berlin (Hrsg.), Heft 34/1966, S. 349/1–349/16.

### M4 Rock in der DDR

Inspektion der 11. Klasse einer Berliner Erweiterten Oberschule durch den FDJ-Zentralrat am 3. Februar 1970

Der FDJ-Sekretär teilte mit, daß in seiner FDJ-Gruppe, die zu den besten der Schule zählt, ca. 75 % regelmäßig Rundfunk- und Fernsehsendungen des Westens hören und sehen. In der Diskussion traten folgende Argumente und Fragen hervor: In den anderen sozialistischen Ländern wird Beat gesendet und produziert, und es wird auch westlicher Beat regelmäßig gesendet. Vor allen Dingen in Polen. Warum ist das bei uns in der DDR nicht so? Wir würden keine Westsender hören, wenn die DDR bessere Musik macht als den Beat. […] Ist die westliche Musik noch immer aggressiv und revanchistisch? […]

Rauhut, Michael: Rock in der DDR. Bonn 2002, S. 52.

### M5 Verbot der Klaus Renft Combo, ausgesprochen von Ruth Oelschlägel, Direktorin der KGD (Konzert- und Gastspieldirektion Leipzig), 1975

Ich habe Ihnen gesagt, daß wir uns das Vorspiel heute nicht anhören und zwar aus folgendem Grund: Weil die Texte mit unserer sozialistischen Wirklichkeit nicht das Geringste zu tun haben. Weil in den Texten darüber hinaus die Arbeiterklasse verletzt wird und die Staats- und Schutzorgane diffamiert werden. Sie werden das verstehen, daß wir nicht gewillt sind, uns das auch noch musikalisch untermalen zu lassen, was Sie uns textlich vorgelegt haben, und wir sind der Auffassung, daß damit die Gruppe Renft als nicht mehr existent anzusehen ist, mit diesen Texten, die Sie uns hier vorgelegt haben.

Rauhut, Michael: Rock in der DDR. Bonn 2002, S. 86.

### M6 Information des MfS über „Rock für den Frieden", 1987

[...] Übereinstimmend wird [...] darauf verwiesen, daß das eigentliche Anliegen, nämlich über ein klares Bekenntnis populärer Rockgruppen und Sänger zum Friedenskampf der sozialistischen Länder einen Beitrag zur sozialistischen Erziehung der Jugend zu leisten, nicht mehr realisiert werden konnte. [...]
Genosse Hartmut König, Zentralrat der FDJ, hat versucht, den Textautor der Gruppe „Silly", Karma, zum Verfassen eines Liedes gegen die Apartheidpolitik Südafrikas zu veranlassen. Karma lehnte mit der Begründung ab, er schreibe erst über Südafrika, wenn seine sozialen Probleme als DDR-Bürger gelöst seien und andere kritische Texte veröffentlicht würden. [...]
In der Sekretariatssitzung am 20.1.1987 setzte sich Genosse Aurich sehr kritisch mit den angeführten Erscheinungen auseinander. Er verwies darauf, daß Tendenzen sichtbar wurden, die ein Entgleiten führender Rockgruppen deutlich machen. Wörtlich sagte er, „ ... führende Gruppen stellen sich gegen uns". [...]

Rauhut, Michael: Rock in der DDR. Bonn 2002, S. 98.

### M7 Zahl der Studierenden in der DDR

| | 1965 | 1970 | 1975 | 1980 | 1985 | 1989 |
|---|---|---|---|---|---|---|
| insgesamt | 111 591 | 143 163 | 136 854 | 129 970 | 129 885 | 131 188 |
| Anteil der Frauen (in %) | 26,1 | 35,4 | 48,2 | 49,2 | 50,1 | 48,6 |

Deutsche Geschichte in Quellen und Darstellung Bd. 11, Bundesrepublik und DDR 1969–1990, Stuttgart 1996, S. 249.

## 3.2 Bildungsnotstand an westdeutschen Hochschulen? – Kultur- und Bildungspolitik der BRD

### M1 Spannungsverhältnis zwischen Schule und Hochschule in einem expandierenden Bildungssystem. Von Staatssekretär Jochimsen (SPD) 1974

Erst gegen Ende der 60er Jahre wuchs in unserem Lande die Einsicht, daß die gesamtstaatliche oder nationale Ebene ständig auch Vorgaben und Kriterien für das Bildungswesen, seine Leistungsfähigkeit und Ausstrahlungskraft liefert und daß dies auch für eine sinnvolle Bildungsplanung rational geliefert werden sollte. Die Addition von 11 mal Kulturpolitik stellt kein befriedigendes Konzept her, wenn man davon ausgeht, daß die Bundesrepublik Deutschland eine politische, kulturelle und wirtschaftliche Einheit ist. Dies weist auch der Prüferbericht der OECD aus, in dem 1971 unser nationales Bildungswesen einer kritischen Analyse unterzogen wurde, die in der Note „insgesamt rückständig", keinem anderen Industrieland vergleichbar, zusammenzufassen ist. Dabei hat die OECD als Erklärung dafür erkannt, daß die Situation der Stunde Null nach dem Kriege nicht als Ausgangspunkt für umfassende Planung und Neuorganisation des Bildungswesens als eines Schlüsselbereichs der sozialen und gesellschaftlichen Entwicklung genutzt wurde. [...]
Der krasse Fehlbedarf an qualifizierten Arbeitskräften in allen Bereichen auf der einen Seite, die Forderung nach Chancengleichheit, Verwirklichung des Bürgerrechts auf Bildung, die Entdeckung eines dynamischen Begabungsbegriffes auf der anderen Seite führten zu starker Expansion des Bildungswesens. Die bildungsökonomische Forschung begann zu zeigen, daß die Expansion des Bildungssystems zugleich eine notwendige Voraussetzung des Wachstums und der internationalen

Konkurrenzfähigkeit der Wirtschaft sei. Die internationalen Vergleichszahlen – etwa der OECD – über den Anteil der Studenten an der gleichaltrigen Bevölkerung und über Bildungsinvestitionen insgesamt stützten diese Sicht. Die Dimensionen des quantitativen Ausbaus und des Ausgabenzuwachses im Bildungswesen schienen über lange Zeit hinweg – leider! – die einzigen Ziele zu sein. Inzwischen aber wurde dieser Ansatz einer bloß quantitativ verstandenen Bildungsökonomie eben wegen seines Mangels an koordinierter und in einem Bezugsrahmen zusammengefügter langfristiger Planung überholt durch die aktuellen bildungs- und sozialpolitischen Strukturprobleme, die nicht mehr in erster Linie Planungsansätze für mehr Schüler- und mehr Lehrerzahlen sowie für Kostengrößen erforderlich machen, sondern eine Revision der Struktur des Schulsystems, eine Überprüfung der Inhalte, unter Umständen auch eine Reform der Schulverwaltung zur Bildungsverwaltung sowie eine neue Funktionsbestimmung der Hochschule dringend geboten erscheinen lassen. Das alles zusammen aber wird wiederum Konsequenzen für unser Beschäftigungssystem haben bzw. zu einem Teil auch erst von dort her ermöglicht werden müssen.

Die Bildungsexpansion der 60er Jahre fand in einem vertikal dreigegliederten Schulwesen statt: Allein das Gymnasium sicherte dabei den Hochschulzugang; es wurde bevorzugt ausgebaut. In seinen Lernzielen war es auf Hochschulreife und Hochschulzugang ausgerichtet. Die Hauptschulen bluteten aus, obwohl sie zum Teil finanziell in der Form von Dörfergemeinschafts- und Nachbarschaftsschulen durchaus Vorrang genossen, und die meisten beruflichen Schulen wurden faktisch vernachlässigt, weil der Staat seine Verantwortung für die berufliche Bildung, auch an dem anderen Lernort Betrieb praktisch der Wirtschaft überließ. Die scharfe Trennung zwischen sogenannter allgemeiner und beruflicher Bildung ebenso wie das Fehlen eines ausreichenden Instrumentariums der Schullaufbahn- und Bildungsberatung führten zu schwerem Ungleichgewicht im Bildungswesen. Die Folge dieser einseitigen Ausrichtung der Gymnasien und Fachoberschulen auf eine bloße Zubringerfunktion zum Studium ist, daß fast alle Absolventen der Oberstufen – heute wie seit Jahren – mangels einer beruflichen Alternative Zugang zu der Hochschule suchen, ja suchen müssen. Zwischen 1966 und 1973, also innerhalb von sechs Jahren, ist allein die Zahl der Abiturienten der Gymnasien um 45 000, d. h. etwa um 95 Prozent gestiegen. In den vergangenen Jahren haben Jahr für Jahr etwa 95 Prozent der Absolventen der Gymnasien und alle diejenigen, die ihre Hochschulberechtigung an Fachoberschulen, Abendgymnasien, Kollegs sowie durch Begabten-, Eignungs- und Sonderprüfungen erworben haben, ein Hochschulstudium aufgenommen. Darüber hinaus haben etwa 15 Prozent der Absolventen der Fachhochschulen ihr Studium an Universitäten fortgesetzt. Die Zahl der Studienanfänger im Hochschulbereich ist demgemäß von 83 000 im Jahre 1965/66 auf 164 000 im Jahr 1972 gestiegen. Wenn der Trend der vergangenen Jahre anhält, wird die Zahl der Studienanfänger von 164 000 (1972) auf 230 000 im Jahr 1978 ansteigen. Bezogen auf einen Jahrgang würde das bedeuten, daß bereits 1978 etwa 25 Prozent eines Jahrgangs in die Hochschulen eintreten würden. Dieser Jahrgangsanteil wäre dann bereits höher als der von der Bund-Länder-Kommission für 1985 vorgesehene Anteil (22 bis 24 Prozent). Die Studentenzahl würde bis 1978 noch einmal um die Hälfte zunehmen: Es müßten für die volle Aufnahme aller Studienbewerber bis 1978 innerhalb von sechs Jahren etwa 340 000 Studienplätze zusätzlich geschaffen werden. Eine beliebige Erweiterung der im Bildungsgesamtplan vorgesehenen Eckwerte ist aus gesamtwirtschaftlichen und finanziellen Gründen nicht vertretbar. […] Am Grundsatz, daß jedermann immer erneut weiter lernen können muß, gibt es schon heute keinen Zweifel, was kritisch Fragen gegen die Tendenz zu immer längerer, ununterbrochener Schul- (und Hochschul-)verweildauer aufwirft. Was wir idealiter brauchen, ist ein System von Bildung, Ausbildung und Beschäftigung, in der keine Entscheidung endgültig und irreversibel

ist. Nur so können Überangebot und Mangel ausgeglichen werden, Strukturschwächen gemindert und endgültig verpaßte Lebenschancen verhindert werden. […]
Und wenn das Gymnasium keine andere Qualifikation als die Studierfähigkeit liefert, bleibt es eine Katastrophe für den Abiturienten, wenn er keinen Studienplatz erhält. Andererseits sind die verpaßten Chancen für die Nicht-Gymnasiasten kaum je aufzuholen – und wenn doch, dann nur mit unverhältnismäßig größerem Zeit- und Kraftaufwand. Wir müssen deshalb zumindest den Hochschulzugang schon kurzfristig sinnvoller und sozialer gestalten. […]
Der Entwurf des Hochschulrahmengesetzes sieht folgende Änderungen des gegenwärtigen Verfahrens vor: Die Bedeutung der Abiturnoten für die Auswahl der Bewerber wird wegen ihrer nur beschränkten Aussagekraft und ihres Mangels an Vergleichbarkeit gemindert: Während im Staatsvertrag etwa 45 Prozent der Studienplätze nach Schulleistungen vergeben werden, wird dieser Anteil im Entwurf auf 33 Prozent der verfügbaren Plätze herabgesetzt. […]

Bulletin (Presse- und Informationsamt der Bundesregierung) Nr. 9 vom 24. Januar 1974, S. 79–84.

## M2 Bundesminister Helmut Rohde (SPD) über neue Herausforderungen an die Hochschulpolitik, 1976

Der Bundesminister für Bildung und Wissenschaft, Helmut Rohde, hielt vor der Vertreterversammlung des Verbandes Hochschule und Wissenschaft im Deutschen Beamtenbund am 17. Januar 1976 in Stuttgart zum Thema „Reform oder Resignation? – Neue Herausforderungen an die Hochschulpolitik?“ folgenden Vortrag:

[…] Die Bildungspolitik insgesamt scheint nach Jahren der Konjunktur eher in einer Talsohle der öffentlichen Meinung zu sein. Wir beobachten auch den Versuch mancher Bildungspolitiker, sich der gemeinsamen Mitverantwortung zu entziehen und statt dessen schulmeisterliche Besserwisserei zu üben. Sie werden es nicht mißverstehen, wenn ich hier anmerke, daß solche Klagen gerade auch aus den Hochschulen immer lauter werden: Klagen über die angebliche „Vermassung“ des Hochschulwesens, Hinweise auf vermeindliche Qualitätsverluste in Forschung und Lehre, Unzufriedenheit mit der Ausstattung und verengteren finanziellen Spielräumen […].
In der Zukunft werden wir die Teilbereiche des Bildungswesens nicht mehr so isoliert voneinander betrachten können, wie das vielfach in den letzten Jahrzehnten geschehen ist. Zu unserer handfesten Erfahrung gehört es z.B., daß die Vernachlässigung der beruflichen Bildung immer mehr zu Einbahnstraßen zu den Hochschulen für eine wachsende Zahl von Jugendlichen geführt hat. […]
Im Laufe der nächsten Jahre werden noch rund 150000 zusätzliche Studienplätze gebaut werden. Mit diesen zusätzlichen Baumaßnahmen muß die deutsche Hochschullandschaft sinnvoll strukturiert und abgerundet werden. Dies setzt eine Übereinstimmung zwischen Bund und Ländern über überregionale und regionalisierte Zielvorstellungen voraus. Eine wesentliche Grundlage dafür ist durch die Empfehlungen des Wissenschaftsrates, an denen Bund und Länder mitgewirkt haben, gegeben. Danach soll, gemessen an den heutigen Richtwerten, der Ausbau auf 850000 Studienplätze ausgerichtet werden. […]
Wenn es auch nicht zum Thema im engeren Sinne dieses Wortes gehört, so will ich an dieser Stelle doch darauf hinweisen, daß zu den Schwerpunkten des Jahres 1976 die Reform der beruflichen Bildung gehören muß. Wenn keine besseren Voraussetzungen für die Absicherung des Ausbildungsplatzangebots, für eine bessere Organisation der beruflichen Bildung und für ihre Gleichwertigkeit im Gesamtbildungssystem geschaffen werden, dann schlägt das nicht nur für die auszubildende Jugend, sondern für das Gesamtbildungssystem zu Buche. Berufliche Bildung als Bildungsweg zweiter Klasse bedeutet Strukturverwerfungen, die sich letztlich auch auf die Oberstufe des Bildungswesens und damit auf den Hochschulbereich auswirken würden. In diesem Sinne ist auch meine Bemerkung von der Kurskorrektur in der Bil-

dungspolitik zu verstehen. Das heißt nicht, die Einseitigkeit von gestern durch eine neue Einseitigkeit von heute zu ersetzen. Also Berufsbildung aus dem Abseits herauszuholen und Hochschulpolitik ins Abseits zu stellen. Dies wäre im Grunde genommen nur die Auswechselung von Torheiten. Mir geht es darum, die Gleichwertigkeit der Bildungsgänge und die Gleichgewichtigkeit in ihrer Förderung im Gesamtentwicklungsprozeß zu erreichen. […]

VI. Man kann die kritische Frage aufwerfen, ob das föderalistische Bildungssystem in seiner heutigen Verfassung und so, wie es sich politisch darstellt, die von mir nur kurz skizzierten Strukturprobleme zu bewältigen vermag.

Bulletin (Presse- und Informationsamt der Bundesregierung) Nr. 10 vom 27. Januar 1976, S. 103–107.

## M3 Schüler im 7. bis 9. Schuljahrgang nach Schularten (in Prozent)

| Jahr | Hauptschulen | Realschulen | Gymnasien | Gesamtschulen |
|---|---|---|---|---|
| 1960 | 63,9 | 15,6 | 20,5 | – |
| 1965 | 60,6 | 18,0 | 21,4 | – |
| 1970 | 55,4 | 21,5 | 23,1 | – |
| 1975 | 45,8 | 24,4 | 26,4 | 3,4 |
| 1980 | 40,3 | 28,2 | 27,5 | 4,0 |
| 1985 | 38,2 | 29,3 | 27,6 | 4,9 |
| 1988 | 35,7 | 29,3 | 29,6 | 5,4 |
| 1989 | 34,8 | 29,1 | 30,4 | 5,7 |

Deutsche Geschichte in Quellen und Darstellung Bd. 11, Bundesrepublik und DDR 1969–1990, Stuttgart 1996, S. 160.

## M4 Studenten (Deutsche und Ausländer) an deutschen Hochschulen

| Jahr[1] | Tausend | Prozent[2] |
|---|---|---|
| 1960 | 291,1 | 4,3 |
| 1965 | 384,4 | 6,6 |
| 1970 | 510,5 | 9,5 |
| 1975 | 840,8 | 14,1 |
| 1980 | 1 044,2 | 15,9 |
| 1985 | 1 338,0 | 18,1 |
| 1988 | 1 470,7 | 20,7 |
| 1989 | 1 509,0 | 21,5 |
| 1990 | 1 579,0 | 23,3[3] |

1 Zum Wintersemester
2 In Prozent der 19- bis unter 26-jährigen Bevölkerung
3 Berechnet nach der Zahl der 18- bis unter 26-jährigen Bevölkerung

Ebenda.

## M5 Bundeskanzler Helmut Kohl (CDU) über neue Chancen und Perspektiven der Hochschulen, 9. Mai 1983

[…] Die aktuelle Lage der deutschen Hochschulen und ihre Perspektiven müssen uns alle mit großer Sorge erfüllen. Trotz der großen – auch durch manchmal ungerechte Kritik nicht wegzuredenden – Ausbauleistungen des Bundes und vor allem der Länder hat sich die Situation in den letzten Jahren spürbar verschlechtert. Das gilt sowohl für die meisten Fächer der Lehre wie auch für die Lage der Forschung. Die Ursachen liegen freilich nicht allein darin, daß die materiellen Leistungen angesichts der Lage der öffentlichen Haushalte hinter den Erwartungen und Hoffnungen zurückblieben oder daß die Studentenzahlen eine keineswegs völlig unerwartete, sondern von vielen seit langem vorhergesagte Entwicklung nach oben genommen haben. Die Ursachen liegen vielmehr auch darin – ich finde, das sollte man bekennen –, daß es uns gemeinsam trotz mancher Anstrengungen nicht gelungen ist, die Mittel überall effektiv einzusetzen. Die aus vielen Quellen gespeiste allgemeine Tendenz zur Bürokratisierung unserer Gesellschaft ist eine Ursache, die neue Organisation der Hochschule eine andere. Vielerlei Erscheinungen und Verhaltensweisen als Folge der vor fast 15 Jahren von allen gewollten erheblichen quantitativen Ausdehnung der Studienmöglichkeiten und damit der Kapazität der Hochschulen kommen hinzu. Eine Hochschule, die 10 000 oder gar 20 000 Studenten umfaßt, kann eben nicht mit denselben Methoden oder derselben Mentalität geführt und verwaltet werden wie die beinahe intime, klassische Universität des vergangenen Jahrhunderts oder noch der ersten Jahrzehnte dieses Jahrhunderts. Eine Hochschullandschaft, die nicht mehr wie früher nur knapp 30 wissenschaftliche Hochschulen umfaßt, sondern weit mehr als 60 und dazu einen großen Kranz leistungsfähiger Fachhochschulen, kann auch regional und überregional nicht mehr mit den früheren Maßstäben gemessen werden. Die Hochschulen haben eine gewaltige Aufgabe vor sich, weil in den kommenden Jahren die geburtenstarken Jahrgänge unsere Hochschulen durchlaufen. Die Bundesregierung hat sich dafür eingesetzt und wird es weiterhin tun, daß alle Anstrengungen unternommen werden, um die Hochschulen für studienwillige Schulabgänger offenzuhalten. Dem Bürger aber – und auch das muß in einer solchen Versammlung einmal deutlich angesprochen werden – ist die Plausibilität einer weiteren Steigerung der Studentenanzahl angesichts steigender Arbeitslosenziffern unter den Hochschulabsolventen und der immer deutlicher werdenden Finanznot bei Bund, Ländern und Gemeinden nicht so einfach klarzumachen. [...] Gemessen am gegenwärtigen Bedarf des Arbeitsmarktes liegt die Absolventenzahl sowohl in der Berufsausbildung wie auch in der Hochschulausbildung zu hoch. Besonders ungünstig sieht diese Zahl im Hinblick auf die Hochschulabsolventen aus. [...]

Niemand von uns, wo immer er auch politisch stehen mag, sollte die Gefahren verkennen, die sich aus der Resignation und der Verbitterung junger Menschen an den Hochschulen ergeben. Das Thema „Arbeitslosigkeit von Jungakademikern“ ist eines der zentralen Themen der deutschen Politik der nächsten Jahre. [...] Für mich liegt einer der Fehler der Hochschulpolitik der letzten zehn Jahre darin, daß der Begriff des Wissenschaftlers und Forschers in einer beinahe inflationären Weise erweitert worden ist. Viele Hochschulpolitiker, aber auch viele Mitbürger machen sich Sorge um den Stand der Spitzenforschung an den deutschen Hochschulen. Von den Wissenschaftlern hören wir sehr divergierende Meinungen. Die einen klagen – häufig nicht belegt, häufig belegt mit Unterlagen – über Qualitätsverlust und Mittelmäßigkeit; andere verweisen auf die schwache Vertretung deutscher Wissenschaftler im Bereich der internationalen Wissenschaftspreise, beklagen den Verfall des Deutschen als Wissenschaftssprache. [...]

Bulletin (Presse- und Informationsamt der Bundesregierung) Nr. 46 vom 13. Mai 1983, S. 429–431.

# 4 Höher, schneller, weiter ... – Sport und Sportpolitik in beiden deutschen Staaten

Der Sport in der DDR wurde sehr stark für die Ziele der SED instrumentalisiert und diente verstärkt auch als Trittbrett für die internationale Anerkennung. Die Spitzenathleten sollten die Überlegenheit des sozialistischen Systems demonstrieren und vom Leistungswillen des „DDR-Staatsvolkes" zeugen. Der Deutsche Turn- und Sportbund (DTSB), dem seit 1961 Manfred Ewald (SED) als Präsident vorstand, war die Dachorganisation für den Sport in der DDR und sollte zur kontrollierten Beschäftigung, Disziplinierung und sozialistischen Erziehung beitragen. In dieser Gesellschaft entwickelte sich ein lückenloses System der Talentfindung, das bereits im Vorschulalter einsetzte und durch die seit 1965 durchgeführten Kinder- und Jugendspartakiaden ergänzt wurde. Die sportlich erfolgreichsten Kinder und Jugendlichen wurden auf einer der 20 Kinder- und Jugendsportschulen der DDR für künftige internationale Wettkämpfe trainiert. Die etwa 12 000 Leistungssportler der DDR waren in knapp 30 Sportclubs konzentriert, die überwiegend über sehr gute Trainingsmöglichkeiten verfügten. Als zentrale Lehr- und Forschungsstelle diente die 1950 eröffnete Deutsche Hochschule für Körperkultur (DHFK) in Leipzig. Eine wichtige Rolle spielte der Sport in der DDR auch für die vormilitärische Ausbildung. So waren verschiedene Sportarten ebenfalls in der Gesellschaft für Sport und Technik (GST) integriert. Anders als in der Bundesrepublik war in der DDR auch der Sportunterricht wesentlich straffer organisiert. Einheitliche Sportkleidung und feste Ordnungsformen sorgten für eine gewisse Uniformierung und Disziplinierung der Schüler.

**M1 Staatsratsvorsitzender Walter Ulbricht beim Besuch der Deutschen Hochschule für Körperkultur und Sport in Leipzig, 1964**

*Liebe Sportlerinnen und Sportler!*
*Liebe Freunde!*
*[...] Die Selbstisolierung der westdeutschen Sportführung*

Die olympischen Ausscheidungswettkämpfe waren politisch und auch sporttechnisch vorbelastet durch die Anweisung der Bonner Regierung über den Sportverkehr zwischen den Sportverbänden und Sportorganisationen der beiden deutschen Staaten sowie des Besatzungsgebiets Westberlin. Es ist selbstverständlich ein Widerspruch in der Haltung der westdeutschen Sportführung, ein selbständiges Auftreten beider deutscher Mannschaften in Tokio abzulehnen und auf gemeinsamen Ausscheidungen zu bestehen und zur gleichen Zeit den Beschluß über den Abbruch aller Sportbeziehungen zu der DDR vom August 1961 aufrechtzuerhalten. So kam es, daß der westdeutsche Leichtathlet Göritz durch die Bonner Justiz zu sechs Monaten Gefängnis verurteilt wurde und 40 Sportler der DDR aus Westdeutschland ausgewiesen wurden, weil sie sich zu gemeinsamen Sportveranstaltungen treffen wollten.

Die westdeutsche Sportführung bedauert heute, daß sie schlecht über den Stand der Leistungen der Sportler der DDR informiert ist. Wie kann sie informiert sein, wenn die westdeutsche Sportführung das Verbot von Wettspielen mit DDR-Mannschaften aufrechterhält? Für die Selbstisolierung muß sich die westdeutsche Sportführung bei ihrem Innenminister und bei sich selbst bedanken. Obwohl der Bonner Innenminister der Verantwortliche für Sport ist, spricht man in Westdeutschland vom unpolitischen Sport. Die Sportler der DDR aber nennt man in Bonn „Staatsamateure". [...]

Die westdeutsche Sportführung behauptet, sie sei für eine gesamtdeutsche Mannschaft nach Tokio. Das kann sie doch selbst nicht glauben, da sie den Sportverkehr zwischen den

Sportvereinigungen in beiden deutschen Staaten verbietet. Die westdeutsche Sportführung ist leider gegen die Einheit im Sport. Wenn sie von Einheit spricht, so meint sie, daß sie allein für den deutschen Sport spricht, im IOC allein den deutschen Sport vertritt und in Tokio den Chef de Mission für die Sportler aus beiden deutschen Staaten stellt. Das ist nur dank der Leistungen der Sportler der DDR schiefgegangen. Jetzt ist völlig klar: Nur der ist für die Einheit im deutschen Sport, der für die gleichberechtigte Zusammenarbeit beider Sportverbände, für die gleichberechtigte Teilnahme an allen internationalen Wettkämpfen und für die gleichberechtigte Vertretung der Sportverbände aus beiden deutschen Staaten und aus Westberlin im IOC eintritt. Das ist der Weg der Verständigung, der die Normalisierung der Beziehungen zwischen beiden deutschen Staaten und den gesellschaftlichen Organisationen fördert und damit der künftigen Einheit Deutschlands dient. Der westdeutsche NOK-Präsident, Herr Daume, will mit der Einverleibung der DDR-Sportler in eine gemeinsame Mannschaft unter westdeutscher Führung ihr rechtmäßiges selbständiges Auftreten auf olympischem Gebiet verhindern. Im April dieses Jahres hatte Herr Daume dazu vor dem zweiten Fernsehen der Westzone ganz offen erklärt, daß der Sport sich „nicht vom politischen Alltag isolieren", das heißt von der Bonner Politik trennen könne. „Ich glaube", so sagte er damals, „daß man die Unbequemlichkeiten, die für uns damit verbunden sind, daß man sie in Kauf nehmen sollte." [...]

Gegenwärtig wird Herr Daume tagtäglich befragt, worin er die Ursachen der Erfolge der Sportler der DDR und der Verringerung der westdeutschen Erfolge in den Ausscheidungskämpfen sieht. Er sagt, die Aktivität der Sportfunktionäre sei schuld. Herr Daume sei loyal, wenn er sagt, die westdeutschen Athleten „stehen nicht unter dem psychologischen Zwang des Gewinnen-Müssens ..." Ich habe ihnen immer gesagt, ihr dürft auch verlieren." Ich verstehe nicht, warum sich so viele Leute in Westdeutschland darüber aufregen, daß bei einer Reihe von Wettkämpfen die westdeutschen Sportler verloren haben. Herr Daume hat ihnen doch gesagt, sie dürfen auch verlieren. Und so ist es auch gekommen. [...] Die Wahrheit ist, daß die Sportler der Deutschen Demokratischen Republik bedeutende Erfolge erzielt haben, weil sie die besten Traditionen des deutschen Turnens gepflegt und nach modernen Gesichtspunkten weiterentwickelt haben. Wenn sich westdeutsche Journalisten abquälen, die Frage zu beantworten, wie es käme, daß „die kleine DDR" das „große Westdeutschland" immer mehr einhole und auf manchen Gebieten – wie jetzt im Sport – sogar überflügelt habe, so sehen sie meist die Ursache im sogenannten „Staatsamateurismus". [...]

Was man in Westdeutschland dagegen unter dem Begriff „olympische Gedanken" versteht, war am 21. August 1964 in dem Hamburger Wochenblatt „Die Zeit" zu lesen. Dort hieß es unter anderem: „Voller Sorge blicken wir nach Tokio, aufgewühlt, aufgeschreckt ist fast jeder von uns von den für das ganze Land geradezu beschämenden Resultaten jener Wettkämpfe (gemeint sind die Ausscheidungswettkämpfe) ..., in denen sich bisher ganz deutlich die Überlegenheit der ostdeutschen Gesellschaftsordnung gezeigt hat ... Zwar sind wir alle Deutsche – zur Olympiade aber schicken wir lieber Ratzeburger als Magdeburger. Tokio dürfte für uns gewissermaßen ein Stalingrad oder wenigstens ein Waterloo werden ... Man hat, was fast noch schlimmer ist, im Kalten Krieg eine Schlacht verloren!" [...]

Neues Deutschland vom 9. September 1964. Abgedruckt in: Dokumentation der Zeit. Informations-Archiv. Deutsches Institut für Zeitgeschichte Berlin (Hrsg.), Heft 319/1964, S. 46–49.

### M2 Der bundesdeutsche Staatssekretär Gerhard Baum (FDP) auf der Konferenz der Sportminister des Europarates, 1978

Der Parlamentarische Staatssekretär beim Bundesminister des Innern Gerhart Rudolf Baum, hielt anlässlich der Konferenz der Sportminister des Europarates am 7. April 1978 in London folgende Rede:

Die seit der ersten europäischen Sportministerkonferenz im internationalen Sport eingetretenen Entwicklungen zu einer „Politisierung“ des internationalen Sports sowie eine Reihe von ernsten Problemen im Sportbereich, die nach den Olympischen Spielen in Montreal besonders deutlich hervorgetreten sind, erfordern einen internationalen Meinungsaustausch, eine Abstimmung und Zusammenarbeit auf möglichst breiter Basis. [...]

Grundlage der Sportpolitik in der Bundesrepublik Deutschland und Prinzip des Verhältnisses des Staates zum Sport auf Bundes-, Länder- und Kommunalebene ist daher die volle Autonomie und Selbstverantwortung der Sportorganisationen sowie die Subsidiarität bei der Sportförderung durch den Staat. Diese Grundhaltung definiert und begrenzt zugleich Inhalt und Umfang unserer Sportpolitik. Sie schließt jede Art von Dirigismus oder besonderer Reglementierung des Sports durch den Staat aus. [...] Gerade im Spitzensport wird die Verantwortung des Staates für den Sport und für den einzelnen Sportler besonders deutlich. Die Anforderungen an den Hochleistungssportler nehmen im Zuge der wissenschaftlichen und technischen Entwicklung auf dem Felde des Sports ständig zu. Sie bedingen einen enormen Einsatz des Sportlers, vor allem auch in zeitlicher Hinsicht. Wollen wir diese Leistung des Spitzensportlers annehmen, der auch im Interesse der gesamtstaatlichen Repräsentierung unseres Sports große Opfer bringt und für einige Jahre buchstäblich Verzicht auf persönliche Verwirklichung in vielen Bereichen leistet, so erwächst uns hieraus die Verantwortung, ihm eine faire Chance nicht nur im Wettkampf, sondern auch im Leben zu geben, ihn sozial zu betreuen, vor gesundheitlichen Schäden zu bewahren und seine Integrität und individuelle Freiheit im Sport zu wahren. [...] Besondere Aufmerksamkeit erfordern auch die Probleme des Hochleistungssports im Entwicklungsalter, die in einigen Sportarten, wie z. B. Kunstturnen, Eiskunstlaufen und Schwimmen, besonders deutlich wurden. Gesundheitliche Schäden und Entwicklungsstörungen als Folgen der intensiven Trainings- und Wettkampfbelastung des jungen Menschen müssen verhindert werden. [...]

Bulletin (Presse- und Informationsamt der Bundesregierung) Nr. 36 vom 19. April 1978.

# 5 „Die Deutsche Demokratische Republik ist ein sozialistischer Staat deutscher Nation“ – Verfassungsänderungen in der DDR 1968 und 1974

Während die beiden deutschen Verfassungen des Jahres 1949 sich noch stark an der Verfassung der Weimarer Republik orientierten, offenbarte die DDR-Verfassung des Jahres 1968 schon sehr deutlich den Machtanspruch der SED, die ihre Herrschaftsstruktur schrittweise ausgebaut hatte. Obwohl die Verfassung demokratische Grundrechte und Grundfreiheiten, wie „Freiheit der Persönlichkeit“ (Art. 19), „Pressefreiheit“ (Art. 27), „freie, allgemeine, gleiche und geheime Wahl“ (Art. 54) verbriefte, war der Mehrheit der Bevölkerung klar, dass sie diese Rechte nicht gefahrlos einfordern könne. Verfassungsrechtlich galt die Volkskammer als oberstes staatliches Machtorgan. In der Realität lag jedoch das Machtmonopol eindeutig in den Händen der SED. Das Politbüro bzw. das ZK der SED bestimmten den innen- und außenpolitischen Kurs und legten die wirtschaftlichen Planziele fest. Ihren Führungsanspruch als marxistisch-leninistische Partei hat die SED 1968 im Art. 1 der Verfassung festgeschrieben. Bei der Verfassungsänderung 1974 wurde dieser Führungsanspruch in keiner Weise in Frage gestellt. Lediglich die Hinweise auf eine deutsche Nation sollten unwiderruflich getilgt werden. Gleichzeitig betonte man die enge Bindung an die Sowjetunion und die sozialistische Staatengemeinschaft und beharrte auf dem Existenzanspruch einer eigenständigen sozialistischen deutschen Nationalkultur.

### M1 Rede des Ersten Sekretärs des ZK der Sozialistischen Einheitspartei Deutschlands Erich Honecker vor der Volkskammer zur Begründung einer Änderung der Verfassung der Deutschen Demokratischen Republik

[...] Mir ist der ehrenvolle Auftrag zuteil geworden, vor der Obersten Volksvertretung der Deutschen Demokratischen Republik den gemeinsamen Antrag aller Fraktionen zum „Gesetz über die Ergänzung und Änderung der Verfassung der DDR“ zu begründen. Die Notwendigkeit der Ergänzung und Veränderung der Verfassung ist herangereift. [...] Es gilt, bestimmte Seiten unserer Verfassung, die der Wirklichkeit nicht mehr gerecht werden, einer sorgfältigen Prüfung zu unterziehen und sie entsprechend zu ändern. Vor uns steht also die verantwortungsvolle Aufgabe, die Verfassung mit dem Leben, mit dem politischen und sozial-ökonomischen Entwicklungsstand unseres sozialistischen Arbeiter-und-Bauern-Staates, mit der ideologischen Grundhaltung unseres Volkes in Übereinstimmung zu bringen. [...] Sowohl von den inneren als auch den äußeren Bedingungen und Positionen her ist der Sieg der sozialistischen Gesellschaftsordnung in der Deutschen Demokratischen Republik unwiderruflich und endgültig. Die Deutsche Demokratische Republik von heute ist ein international anerkannter, souveräner sozialistischer Staat, der seine Gegenwart und Zukunft unlösbar und für immer mit dem Lande Lenins und den anderen Staaten der sozialistischen Gemeinschaft verbunden hat.

**Verfassung vom 6. April 1968**[8]
*(Präambel)*
Getragen von der Verantwortung, der ganzen deutschen Nation den Weg in eine Zukunft des Friedens und des Sozialismus zu weisen, in Ansehung der geschichtlichen Tatsache, daß der Imperialismus unter Führung der USA im Einvernehmen mit Kreisen des westdeutschen Monopolkapitals Deutschland gespalten hat, um Westdeutschland zu einer Basis des Imperialismus und des Kampfes gegen den So-

8 Die anschließend aufgeführten Passagen der Verfassung von 1968 wurden geändert bzw. auch komlett gestrichen (u.a. verschwand der 2. Absatz, Artikel 8).

zialismus aufzubauen, was den Lebensinteressen der Nation widerspricht, hat sich das Volk der Deutschen Demokratischen Republik, fest gegründet auf den Errungenschaften der antifaschistisch-demokratischen und der sozialistischen Umwälzung der gesellschaftlichen Ordnung, einig in seinen werktätigen Klassen und Schichten das Werk der Verfassung vom 7. Oktober 1949 in ihrem Geiste weiterführend und von dem Willen erfüllt, den Weg des Friedens, der sozialen Gerechtigkeit, der Demokratie, des Sozialismus und der Völkerfreundschaft in freier Entscheidung unbeirrt weiterzugehen, diese sozialistische Verfassung gegeben.

**Artikel 1**

Die Deutsche Demokratische Republik ist ein sozialistischer Staat deutscher Nation. Sie ist die politische Organisation der Werktätigen in Stadt und Land, die gemeinsam unter Führung der Arbeiterklasse und ihrer marxistisch-leninistischen Partei den Sozialismus verwirklichen. [...]

**Artikel 6**

(1) Die Deutsche Demokratische Republik hat getreu den Interessen des deutschen Volkes und der internationalen Verpflichtung aller Deutschen auf ihrem Gebiet den deutschen Militarismus und Nazismus ausgerottet und betreibt eine dem Frieden und dem Sozialismus, der Völkerverständigung und der Sicherheit dienende Außenpolitik.

(2) Die Deutsche Demokratische Republik pflegt und entwickelt entsprechend den Prinzipien des sozialistischen Internationalismus die allseitige Zusammenarbeit und Freundschaft mit der Union der Sozialistischen Sowjetrepubliken und den anderen sozialistischen Staaten.

(3) Die Deutsche Demokratische Republik unterstützt die Bestrebungen der Völker nach Freiheit und Unabhängigkeit und pflegt auf der Grundlage der Gleichberechtigung und gegenseitiger Achtung die Zusammenarbeit mit allen Staaten. [...]

**Artikel 8**

(2) Die Herstellung und Pflege normaler Beziehungen und die Zusammenarbeit der beiden deutschen Staaten auf der Grundlage der Gleichberechtigung sind nationales Anliegen der Deutschen Demokratischen Republik. Die Deutsche Demokratische Republik und ihre Bürger erstreben darüber hinaus die Überwindung der vom Imperialismus der deutschen Nation aufgezwungenen Spaltung Deutschlands, die schrittweise Annäherung der beiden deutschen Staaten bis zu ihrer Vereinigung auf der Grundlage der Demokratie und des Sozialismus. (gestrichen)

Neues Deutschland Nr. 268 vom 28. September 1974. Dokumentation der Zeit. Heft 405. 1. Maiheft 1968, S. 15–16. Abdruck in: Europa-Archiv. Folge 24/1974, S. D 585–D 588.

## M2 Verfassung der Deutschen Demokratischen Republik vom 6. April 1968 in der Fassung des Gesetzes zur Ergänzung und Änderung der Verfassung der Deutschen Demokratischen Republik vom 7. Oktober 1974

*Präambel*

In Fortsetzung der revolutionären Traditionen der deutschen Arbeiterklasse und gestützt auf die Befreiung vom Faschismus hat das Volk der Deutschen Demokratischen Republik in Übereinstimmung mit den Prozessen der geschichtlichen Entwicklung unserer Epoche sein Recht auf sozial-ökonomische, staatliche und nationale Selbstbestimmung verwirklicht und gestaltet die entwickelte sozialistische Gesellschaft. Erfüllt von dem Willen, seine Geschicke frei zu bestimmen, unbeirrt auch weiter den Weg des Sozialismus und Kommunismus, des Friedens, der Demokratie und Völkerfreundschaft zu gehen, hat sich das Volk der Deutschen Demokratischen Republik diese sozialistische Verfassung gegeben.

**Artikel 1**

Die Deutsche Demokratische Republik ist ein sozialistischer Staat der Arbeiter und Bauern. Sie ist die politische Organisation der Werktätigen in Stadt und Land unter Führung der Arbeiterklasse und ihrer marxistisch-leninistischen Partei. Die Hauptstadt der Deutschen Demokratischen Republik ist Berlin. Die Staatsflagge der Deutschen Demokratischen

Republik besteht aus den Farben Schwarz-Rot-Gold und trägt auf beiden Seiten in der Mitte das Staatswappen der Deutschen Demokratischen Republik. Das Staatswappen der Deutschen Demokratischen Republik besteht aus Hammer und Zirkel, umgeben von einem Ährenkranz, der im unteren Teil von einem schwarz-rot-goldenen Band umschlungen ist.

**Artikel 2**

(1) Alle politische Macht in der Deutschen Demokratischen Republik wird von den Werktätigen in Stadt und Land ausgeübt. Der Mensch steht im Mittelpunkt aller Bemühungen der sozialistischen Gesellschaft und ihres Staates. [...]

(3) Die Ausbeutung des Menschen durch den Menschen ist für immer beseitigt. Was des Volkes Hände schaffen, ist des Volkes Eigen. Das sozialistische Prinzip „Jeder nach seinen Fähigkeiten, jedem nach seiner Leistung" wird verwirklicht. [...]

**Artikel 4**

Alle Macht dient dem Wohle des Volkes. Sie sichert sein friedliches Leben, schützt die sozialistische Gesellschaft und gewährleistet die sozialistische Lebensweise der Bürger, die freie Entwicklung des Menschen, wahrt seine Würde und garantiert die in dieser Verfassung verbürgten Rechte.

**Artikel 5**

(1) Die Bürger der Deutschen Demokratischen Republik üben ihre politische Macht durch demokratisch gewählte Volksvertretungen aus. [...]

*Kapitel 2*

Ökonomische Grundlagen, Wissenschaft, Bildung und Kultur

**Artikel 9**

(1) Die Volkswirtschaft der Deutschen Demokratischen Republik beruht auf dem sozialistischen Eigentum an den Produktionsmitteln. Sie entwickelt sich gemäß den ökonomischen Gesetzen des Sozialismus auf der Grundlage der sozialistischen Produktionsverhältnisse und der zielstrebigen Verwirklichung der sozialistischen ökonomischen Integration. [...]

**Artikel 17**

(2) Mit dem einheitlichen sozialistischen Bildungssystem sichert die Deutsche Demokratische Republik allen Bürgern eine den ständig steigenden gesellschaftlichen Erfordernissen entsprechende hohe Bildung. Sie befähigt die Bürger, die sozialistische Gesellschaft zu gestalten und an der Entwicklung der sozialistischen Demokratie schöpferisch mitzuwirken. [...]

*Abschnitt II*

Bürger und Gemeinschaften in der sozialistischen Gesellschaft

*Kapitel 1*

Grundrechte und Grundpflichten der Bürger

**Artikel 19**

(1) Die Deutsche Demokratische Republik garantiert allen Bürgern die Ausübung ihrer Rechte und ihre Mitwirkung an der Leitung der gesellschaftlichen Entwicklung. Sie gewährleistet die sozialistische Gesetzlichkeit und Rechtssicherheit.

(2) Achtung und Schutz der Würde und Freiheit der Persönlichkeit sind Gebot für alle staatlichen Organe, alle gesellschaftlichen Kräfte und jeden einzelnen Bürger.

(3) Frei von Ausbeutung, Unterdrückung und wirtschaftlicher Abhängigkeit hat jeder Bürger gleiche Rechte und vielfältige Möglichkeiten, seine Fähigkeiten in vollem Umfange zu entwickeln und seine Kräfte aus freiem Entschluß zum Wohle der Gesellschaft und zu seinem eigenen Nutzen in der sozialistischen Gemeinschaft ungehindert zu entfalten. So verwirklicht er Freiheit und Würde seiner Persönlichkeit. Die Beziehungen der Bürger werden durch gegenseitige Achtung und Hilfe, durch die Grundsätze sozialistischer Moral geprägt. [...]

**Artikel 20**

(1) Jeder Bürger der Deutschen Demokratischen Republik hat unabhängig von seiner Nationalität, seiner Rasse, seinem weltanschaulichen oder religiösen Bekenntnis, seiner sozialen Herkunft und Stellung die gleichen Rechte und Pflichten. Gewissens- und Glaubensfreiheit sind gewährleistet. Alle Bürger sind vor dem Gesetz gleich.

(2) Mann und Frau sind gleichberechtigt und haben die gleiche Rechtsstellung in allen Bereichen des gesellschaftlichen, staatlichen und persönlichen Lebens. Die Förderung der Frau, besonders in der beruflichen Qualifizierung, ist eine gesellschaftliche und staatliche Aufgabe.
(3) Die Jugend wird in ihrer gesellschaftlichen und beruflichen Entwicklung besonders gefördert. Sie hat alle Möglichkeiten, an der Entwicklung der sozialistischen Gesellschaftsordnung verantwortungsbewußt teilzunehmen.

**Artikel 21**

(1) Jeder Bürger der Deutschen Demokratischen Republik hat das Recht, das politische, wirtschaftliche, soziale und kulturelle Leben der sozialistischen Gemeinschaft und des sozialistischen Staates umfassend mitzugestalten. Es gilt der Grundsatz „Arbeite mit, plane mit, regiere mit!".
(2) Das Recht auf Mitbestimmung und Mitgestaltung ist dadurch gewährleistet, daß die Bürger alle Machtorgane demokratisch wählen, an ihrer Tätigkeit und an der Leitung, Planung und Gestaltung des gesellschaftlichen Lebens mitwirken; Rechenschaft von den Volksvertretungen, ihren Abgeordneten, den Leitern staatlicher und wirtschaftlicher Organe über ihre Tätigkeit fordern können; mit der Autorität ihrer gesellschaftlichen Organisationen ihrem Wollen und ihren Forderungen Ausdruck geben; sich mit ihren Anliegen und Vorschlägen an die gesellschaftlichen, staatlichen und wirtschaftlichen Organe und Einrichtungen wenden können; in Volksabstimmungen ihren Willen bekunden. [...]

**Artikel 24**

(1) Jeder Bürger der Deutschen Demokratischen Republik hat das Recht auf Arbeit. Er hat das Recht auf einen Arbeitsplatz und dessen freie Wahl entsprechend den gesellschaftlichen Erfordernissen und der persönlichen Qualifikation. Er hat das Recht auf Lohn nach Qualität und Quantität der Arbeit. Mann und Frau, Erwachsene und Jugendliche haben das Recht auf gleichen Lohn bei gleicher Arbeitsleistung.
(2) Gesellschaftlich nützliche Tätigkeit ist eine ehrenvolle Pflicht für jeden arbeitsfähigen Bürger. Das Recht auf Arbeit und die Pflicht zur Arbeit bilden eine Einheit.

**Artikel 25**

(1) Jeder Bürger der Deutschen Demokratischen Republik hat das gleiche Recht auf Bildung. Die Bildungsstätten stehen jedermann offen. Das einheitliche sozialistische Bildungssystem gewährleistet jedem Bürger eine kontinuierliche sozialistische Erziehung, Bildung und Weiterbildung. [...]
(4) In der Deutschen Demokratischen Republik besteht allgemeine zehnjährige Oberschulpflicht, die durch den Besuch der zehnklassigen allgemeinbildenden polytechnischen Oberschule zu erfüllen ist. In bestimmten Fällen kann die Oberschulbildung in den Einrichtungen der Berufsausbildung oder der Aus- und Weiterbildung der Werktätigen beendet werden. Alle Jugendlichen haben das Recht und die Pflicht, einen Beruf zu erlernen. [...]
(3) Direktstudenten an den Universitäten, Hoch- und Fachschulen sind von Studiengebühren befreit. Stipendien und Studienbeihilfen werden nach sozialen Gesichtspunkten und nach Leistung gewährt.

Artikel 27

(1) Jeder Bürger der Deutschen Demokratischen Republik hat das Recht, den Grundsätzen dieser Verfassung gemäß seine Meinung frei und öffentlich zu äußern. Dieses Recht wird durch kein Dienst- oder Arbeitsverhältnis beschränkt. Niemand darf benachteiligt werden, wenn er von diesem Recht Gebrauch macht.
(2) Die Freiheit der Presse, des Rundfunks und des Fernsehens ist gewährleistet.

**Artikel 28**

(1) Alle Bürger haben das Recht, sich im Rahmen der Grundsätze und Ziele der Verfassung friedlich zu versammeln.
(2) Die Nutzung der materiellen Voraussetzungen zur unbehinderten Ausübung dieses Rechts, der Versammlungsgebäude, Straßen und Kundgebungsplätze, Druckereien und Nachrichtenmittel wird gewährleistet.

**Artikel 29**

Die Bürger der Deutschen Demokratischen Republik haben das Recht auf Vereinigung, um durch gemeinsames Handeln in politischen Parteien, gesellschaftlichen Organisationen, Vereinigungen und Kollektiven ihre Interessen in Übereinstimmung mit den Grundsätzen und Zielen der Verfassung zu verwirklichen.

**Artikel 30**

(1) Die Persönlichkeit und Freiheit jedes Bürgers der Deutschen Demokratischen Republik sind unantastbar. [...]

**Artikel 31**

(1) Post- und Fernmeldegeheimnis sind unverletzbar.

(2) Sie dürfen nur auf gesetzlicher Grundlage eingeschränkt werden, wenn es die Sicherheit des sozialistischen Staates oder eine strafrechtliche Verfolgung erfordern.

**Artikel 32**

Jeder Bürger der Deutschen Demokratischen Republik hat im Rahmen der Gesetze das Recht auf Freizügigkeit innerhalb des Staatsgebietes der Deutschen Demokratischen Republik. [...]

**Artikel 37**

(1) Jeder Bürger der Deutschen Demokratischen Republik hat das Recht auf Wohnraum für sich und seine Familie entsprechend den volkswirtschaftlichen Möglichkeiten und örtlichen Bedingungen. Der Staat ist verpflichtet, dieses Recht durch die Förderung des Wohnungsbaus, die Werterhaltung vorhandenen Wohnraumes und die öffentliche Kontrolle über die gerechte Verteilung des Wohnraumes zu verwirklichen.

(2) Es besteht Rechtsschutz bei Kündigungen.

(3) Jeder Bürger hat das Recht auf Unverletzbarkeit seiner Wohnung. [...]

**Artikel 39**

(1) Jeder Bürger der Deutschen Demokratischen Republik hat das Recht, sich zu einem religiösen Glauben zu bekennen und religiöse Handlungen auszuüben.

(2) Die Kirchen und anderen Religionsgemeinschaften ordnen ihre Angelegenheiten und üben ihre Tätigkeit aus in Übereinstimmung mit der Verfassung und den gesetzlichen Bestimmungen der Deutschen Demokratischen Republik. Näheres kann durch Vereinbarungen geregelt werden. [...]

Abschnitt IV

Sozialistische Gesetzlichkeit und Rechtspflege

**Artikel 86**

Die sozialistische Gesellschaft, die politische Macht des werktätigen Volkes, ihre Staats- und Rechtsordnung sind die grundlegende Garantie für die Einhaltung und die Verwirklichung der Verfassung im Geiste der Gerechtigkeit, Gleichheit, Brüderlichkeit und Menschlichkeit. [...]

Gesetzblatt der DDR. Jahrgang 1974. Teil I. Nr. 47 vom 27. September 1974, S. 432–456.

## M3 Stellungnahme der Bundesregierung zur Änderung der DDR-Verfassung und zur Einheit der deutschen Nation, 27. September 1974

Das Presse- und Informationsamt der Bundesregierung teilt mit:

Staatssekretär Bölling erklärte am 27. September 1974 zur Änderung der Präambel der Verfassung der Deutschen Demokratischen Republik: Diese Entscheidung der Volkskammer konnte nach verschiedenen negativen Stellungnahmen zu dem Begriff der deutschen Nation nicht mehr überraschen. Die Bundesregierung, die unverändert an der Einheit der deutschen Nation festhält, vertraut darauf, daß das Zusammengehörigkeitsgefühl der Deutschen durch diesen Schritt der DDR nicht beeinträchtigt wird. In seiner Regierungserklärung vom 18. Januar 1973 hat der damalige Bundeskanzler Willy Brandt gesagt, daß die Zusammengehörigkeit des deutschen Volkes in seiner Geschichte verwurzelt ist. „In dieser Geschichte, wie in der unzerstörbaren Gemeinsamkeit der Sprache, der Kunst, der Kultur und des geistigen Erbes lebt die Nation fort, auch in der Trennung." Auf diese Sätze hat sich Bundeskanzler Helmut Schmidt nach Bildung der dritten sozial-liberalen Koalition in seiner Regierungserklärung vom 17. Mai 1974 bezogen.

Für die Bundesregierung steht fest, daß sie die nationale Identität des deutschen Volkes nicht preisgeben wird.
Das Bundesministerium für innerdeutsche Beziehungen teilt mit:
Der Bundesminister für innerdeutsche Beziehungen, Egon Franke, erklärte am 27. September 1974: Die Volkskammer der DDR hat eine Änderung der DDR-Verfassung zur Frage der Nation im Sinne der schon seit längerem propagierten „Klassennation“ vorgenommen. Nach Auffassung der Bundesregierung kann eine Nation, und so auch die deutsche Nation, durch Akte bloßer Gesetzgebung weder geschaffen noch beseitigt werden. Das deutsche Volk, das nach dem Zweiten Weltkrieg gegen seinen Willen geteilt wurde und heute in zwei Staaten unterschiedlicher Gesellschaftsordnung getrennt lebt, hat Anspruch auf das nationale Selbstbestimmungsrecht. Solange die Deutschen keine Gelegenheit erhalten, über ihre staatliche und nationale Existenz frei zu bestimmen, bleibt ihnen ein fundamentales Recht vorbehalten. Die Bundesregierung bekräftigt darum das politische Ziel der Bundesrepublik Deutschland, auf einen Zustand des Friedens in Europa hinzuwirken, in dem das deutsche Volk seine Einheit in freier Selbstbestimmung wiedererlangt. Im übrigen ändert die jetzt vorgenommene Verfassungsänderung der DDR nichts an dem Vertrag über die Grundlagen der Beziehungen zwischen der Bundesrepublik Deutschland und der Deutschen Demokratischen Republik vom 21. Dezember 1972. Dort ist in der Präambel ausdrücklich niedergelegt, daß dieser Vertrag geschlossen wurde „unbeschadet der unterschiedlichen Auffassungen der Bundesrepublik Deutschland und der Deutschen Demokratischen Republik zu grundsätzlichen Fragen, darunter zur nationalen Frage“. Die Verpflichtungen des Grundlagenvertrages, im Interesse der europäischen Entspannung und Sicherheit und zum Wohle der Menschen in den beiden deutschen Staaten das Nebeneinander der beiden Ordnungen auf deutschem Boden zu regeln und durch Zusammenarbeit zu normalisieren, bilden nach Auffassung der Bundesregierung die einzige reale Chance, der deutschen Nation den Weg in die Zukunft offen zu halten.

Bulletin (Presse- und Informationsamt der Bundesregierung) Nr. 113 vom 1. Oktober 1974, S. 1155.

## 6 Freie Wahlen in beiden deutschen Staaten?

Die in der Verfassung garantierten freien, allgemeinen, gleichen und geheimen Wahlen hat es in der DDR (mit Ausnahme der Wahl vom 18. März 1990) nie gegeben. Die mehr als Alibi dienenden Wahlkabinen, die in den ostdeutschen Kommunen aufgestellt wurden, betraten wohl nur wenige DDR-Bürger. Diejenigen, die es dennoch riskierten, mussten damit rechnen, dadurch Nachteile zu haben. So entwickelten sich die Einheitslistenwahlen, bei denen es für die Wähler nur darum ging, einen Wahlzettel zu falten und einzuwerfen, zu einer Farce. Die hohe Wahlbeteiligung und die erreichten über 99 Prozent Ja-Stimmen verbuchte die SED-Führung für sich als Erfolg und Zustimmung. Da die Mandatsträger der Massenorganisationen fast ausschließlich auch der SED angehörten, vergrößerte sich der Einfluss der SED in der Volkskammer zusätzlich.
Ein freies und demokratisches Wahlsystem und eine pluralistische Parteienlandschaft konnten sich nur in der Bundesrepublik entwickeln. Bis 1963 bestimmte hier das konservative Kabinett von Konrad Adenauer die Regierungspolitik. Dann sollte die Zeit der Großen Koalition folgen, die 1969 von der sozialliberalen Koalition unter Willy Brandt abgelöst wurde, bevor nach der Kanzlerschaft Helmut Schmidts (1974–1982) Helmut Kohl Bundeskanzler wurde.

## 6.1 Wahlen und Wahlergebnisse in der DDR – Ergebnisse der Volkskammerwahlen

| Wahljahr | Wahlbeteiligung (in %) | Ja-Stimmen (in %) |
|---|---|---|
| 1950 | 98,53 | 99,72 |
| 1954 | 98,51 | 99,46 |
| 1958 | 98,90 | 99,87 |
| 1963 | 99,25 | 99,95 |
| 1967 | 98,82 | 99,93 |
| 1971 | 98,48 | 99,85 |
| 1976 | 98,58 | 99,86 |
| 1981 | 99,21 | 99,86 |
| 1986 | 99,74 | 99,94 |

Deutsche Geschichte in Quellen und Darstellung Bd. 11, Bundesrepublik und DDR 1969–1990, Stuttgart 1996, S. 211.

### Sitzverteilung nach der Einheitsliste

| | Anzahl[1] | | Prozent | |
|---|---|---|---|---|
| | 1963–1986 | 1986–1990 | 1963–1986 | 1986–1990 |
| SED | 127 | | 25,4 | |
| CDU | 52 | | 10,4 | |
| LDPD | 52 | | 10,4 | |
| NDPD | 52 | | 10,4 | |
| DBD | 52 | | 10,4 | |
| FDGB | 68 | 61 | 13,6 | 12,2 |
| DFD | 35 | 32 | 7 | 6,4 |
| FDJ | 40 | 37 | 8 | 7,4 |
| KB | 22 | 21 | 4,4 | 4,2 |
| VdgB[2] | – | 14 | – | 2,8 |
| insgesamt | 500 | | 100 | |

1 Bis zur Volkskammerwahl 1976 wurden die Abgeordneten aus Berlin (Ost) nicht direkt gewählt, sondern von der Stadtverordnetenversammlung bestimmt.
2 Die Vereinigung der gegenseitigen Bauernhilfe wurde 1986 als Fraktion mit 14 Abgeordneten in die Volkskammer aufgenommen. Die anderen Massenorganisationen hatten dafür entsprechend Sitze abzutreten.

Ebenda.

## 6.2 Wahlen und Wahlergebnisse in der BRD

| Jahr der Wahl | 1949 | 1953 | 1957 | 1961 | 1965 | 1969 | 1972 | 1976 | 1980 | 1983 | 1987 |
|---|---|---|---|---|---|---|---|---|---|---|---|
| Wahlbeteiligung | 78,5 | 86,0 | 87,8 | 87,7 | 86,8 | 86,7 | 91,1 | 90,7 | 88,6 | 89,1 | 84,3 |
| CDU/CSU | 31,0 | 45,2 | 50,2 | 45,4 | 47,6 | 46,1 | 44,9 | 48,6 | 44,5 | 48,8 | 44,3 |
| SPD | 29,2 | 28,8 | 31,8 | 36,2 | 39,3 | 42,7 | 45,8 | 42,6 | 42,9 | 38,2 | 37,0 |
| FDP | 11,9 | 9,5 | 7,7 | 12,8 | 9,5 | 5,8 | 8,4 | 7,9 | 10,6 | 7,0 | 9,1 |
| Die Grünen | – | – | – | – | – | – | – | – | 1,5 | 5,6 | 8,3 |
| DP | 4,0 | 3,3 | 3,4 | – | – | – | – | – | – | – | – |
| Gesamtdeutscher Block/BHE | – | 5,9 | 4,6 | – | – | – | – | – | – | – | – |
| Gesamtdeutsche Partei (GdP) | – | – | – | 2,8 | – | 0,1 | – | – | – | – | – |
| Zentrum | 3,1 | 0,8 | 0,3 | – | – | – | – | – | – | – | 0,1 |
| Bayernpartei | 4,2 | 1,7 | 0,5 | – | – | 0,2 | – | – | – | – | 0,1 |
| KPD | 5,7 | 2,2 | – | – | – | – | – | – | – | – | – |
| Deutsche Reichspartei (DRP) | 1,8 | 1,1 | 1,0 | 0,8 | – | – | – | – | – | – | – |
| Wirtschaftliche Aufbauvereinigung (WAV) | 2,9 | – | – | – | – | – | – | – | – | – | – |
| Deutsche Friedensunion (DFU) | – | – | – | 1,9 | 1,3 | – | – | – | – | – | – |
| NPD | – | – | – | – | 2,0 | 4,3 | 0,6 | 0,3 | 0,2 | 0,2 | 0,6 |
| DKP | – | – | – | – | – | – | 0,3 | 0,3 | 0,2 | 0,2 | – |
| Sonstige Parteien | 6,2 | 1,5 | 0,5 | 0,1 | 0,3 | 0,8 | 0,0 | 0,3 | 0,0 | 0,0 | 0,6 |

Martin Tabaczek/Johannes Altenberend: Deutschland nach 1945. Teilung und Einheit im internationalen Kräftefeld. Geschichts-Kurse für die Sekundarstufe II, Bd. 5, Paderborn 1993, S. 143.

### Mandatsverteilung im Deutschen Bundestag

| | 1949 | 1953 | 1957 | 1961 | 1965 | 1969 | 1972 | 1976 | 1980 | 1983 | 1987 |
|---|---|---|---|---|---|---|---|---|---|---|---|
| CDU | 115 | 191 | 215 | 192 | 196 | 193 | 177 | 190 | 185 | 202 | 174 |
| CSU | 24 | 52 | 55 | 50 | 49 | 49 | 48 | 53 | 52 | 53 | 49 |
| SPD | 131 | 151 | 169 | 190 | 202 | 224 | 230 | 214 | 228 | 202 | 186 |
| FDP | 52 | 48 | 41 | 67 | 49 | 30 | 41 | 39 | 54 | 35 | 46 |
| Die Grünen | – | – | – | – | – | – | – | – | – | 28 | 42 |
| DP | 17 | 15 | 17 | – | – | – | – | – | – | – | – |
| BP | 17 | – | – | – | – | – | – | – | – | – | – |
| KPD | 15 | – | – | – | – | – | – | – | – | – | – |
| WAV | 12 | – | – | – | – | – | – | – | – | – | – |
| Zentrum | 10 | 3 | – | – | – | – | – | – | – | – | – |
| DRP | 5 | – | – | – | – | – | – | – | – | – | – |
| Unabhängige | 3 | – | – | – | – | – | – | – | – | – | – |
| SSW | 1 | – | – | – | – | – | – | – | – | – | – |
| GB/BHE | – | 27 | – | – | – | – | – | – | – | – | – |

DP = Deutsche Partei; BP = Bayernpartei; WAV = Wirtschaftliche Aufbauvereinigung; DRP = Deutsche Reichspartei/Deutsche Rechtspartei; SSW = Südschleswigscher Wählerverband; GB/BHE = Gesamtdeutscher Block/Block der Heimatvertriebenen und Entrechteten

Ebenda.

# 7 Vom Kalten Krieg zur Politik der kleinen Schritte

Das Festhalten an der Hallstein-Doktrin, die bereits mit der Aufnahme diplomatischer Beziehungen zu Rumänien durchbrochen war, erschien in den 1970er Jahren nicht mehr zeitgemäß. Führende Vertreter der Bundesregierung hatten bereits in den 1960er Jahren erkannt, dass eine Verbesserung im Verhältnis zur DDR und den osteuropäischen Staaten nur über Kompromisse und im Konsens mit der Sowjetunion erreichbar war. Und eine Bereitschaft zum Dialog entwickelte sich auf beiden Seiten. So versicherte Bundeskanzler Willy Brandt bei seiner Regierungserklärung im Oktober 1969 „ein weiteres Auseinanderleben der deutschen Nation" verhindern zu wollen. Es sollte der Versuch unternommen werden, über ein „geregeltes Nebeneinander" zu einem „Miteinander" zu kommen. Der 1970 in Moskau unterzeichnete deutsch-sowjetische Vertrag erkannte die Grenzen aller Staaten in Europa einschließlich der Oder-Neiße-Linie als Westgrenze Polens an. Er stellte den Gewaltverzicht und die Unverletzlichkeit der Grenzen (nicht die Unverrückbarkeit der Grenzen, wie von Moskau eigentlich gewünscht) in den Mittelpunkt. Nachdem Walter Ulbricht, der eigentlich schon vor dem Arbeiteraufstand (1953) abgelöst werden sollte, 1971 um seine Entlassung aus seiner Funktion als Erster Sekretär des ZK bat, schienen sich mit Erich Honecker neue Möglichkeiten des Dialogs zu eröffnen. Bei den sich nun anbahnenden Verhandlungen ging es der DDR in erster Linie um die sofortige völkerrechtliche Anerkennung sowie die unverzügliche Aufnahme in die UNO. Noch vor der Unterzeichnung des Grundlagenvertrages stellte die Bundesregierung klar, dass die unterschiedlichen Auffassungen zur Frage der deutschen Nation ungelöst stehen bleiben. Dies manifestierte sich u. a. auch darin, dass man von bundesrepublikanischer Seite den Begriff „Botschaft" durch den Begriff „Ständige Vertretung" ersetzte. Dennoch erbrachte der Grundlagenvertrag nachhaltige Verbesserungen für die deutsch-deutschen Beziehungen, die in der Folgezeit weiter intensiviert werden konnten. Ein großer Durchbruch gelang auch mit dem KSZE-Prozess, der wesentlich zur Entspannung und Abrüstung in Europa beitrug. Parallel zur staatlichen Ebene etablierte sich in beiden deutschen Staaten eine breite Friedensbewegung. Da die SED-Führung die von DDR-Bürgern an die Warschauer Paktstaaten gerichteten Abrüstungsforderungen einen staats- und friedensfeindlichen Charakter zuschrieb, arbeiteten Mitglieder der Friedensbewegung auch im Untergrund oder im Schutz der Kirche. So wurde die Kirche in der DDR zu einer wichtigen Plattform der pazifistischen Bewegung, die mit Aktionen wie „Schwerter zu Pflugscharen" insbesondere bei der Jugend auf breite Resonanz stieß.

## 7.1 Von den Ostverträgen zum Grundlagenvertrag

### M1 Bundeskanzler Willy Brandt (SPD) über die Beziehungen zwischen der Bundesrepublik Deutschland und der Sowjetunion, September 1971

Bundeskanzler Willy Brandt gab der „Süddeutschen Zeitung" für ihre Ausgabe vom 20. September 1971 folgendes Interview:

**Frage:** Nachdem Sie, Herr Bundeskanzler, Ihre Eindrücke über die auf der Krim gemachten Erfahrungen eine Nacht überschlafen haben, möchte ich Sie fragen, was für die Menschen in der Bundesrepublik das wichtigste Ergebnis Ihrer Besprechungen mit Generalsekretär Breschnew ist?

**Antwort:** Das Wichtigste ist wohl, daß sich seit Unterzeichnung des Vertrages in Moskau vom 12. August 1970, also seit gut einem Jahr, eine wesentliche Verbesserung der Beziehungen zwischen den beiden Staaten ergeben hat. Der Vertrag, der noch nicht ratifiziert worden ist, noch nicht rechtswirksam ist, hat bereits zu wirken begonnen. Hieraus wird sich jetzt zunehmend ergeben, daß für Gebiete, auf denen die beiden Staaten gemeinsame Interessen haben, vertragliche Regelungen zustande kommen können. Was wohl noch wichtiger ist: Die beiden Staaten haben sich bilateral in die Erörterung von Fragen der europäischen Sicherheit eingeschaltet. Mit anderen Worten: Auf diesem ganz wichtigen Gebiet, das für die kommenden Jahre zentrale Bedeutung hat, ist die Bundesrepublik nicht mehr wie in früheren Jahren nur auf der einen Seite beteiligt, nur am westlichen Meinungsaustausch. Nachdem unsere westlichen Partner schon seit Jahren den Ost-West-Austausch gehabt haben, spielt jetzt die Bundesrepublik eine gleichberechtigte Rolle. Sie tut dies, indem sie sich neben den wichtigen westlichen Erörterungen ihre eigene Meinung bildet und dann ihre eigenen Beiträge leistet im Gespräch mit den östlichen Partnern. In diesem Falle mit dem wichtigsten östlichen Partner, mit der Führungsmacht, mit der Sowjetunion.

**Frage:** Nun interessiert unsere Menschen doch wohl am meisten die Frage, ob und wie die Bundesregierung mit jenen Problemen fertig werden mag, die noch zu beseitigen sind, bevor die Berlin-Lösung endgültig perfekt werden kann. Ist das Gipfeltreffen in dieser Beziehung hilfreich gewesen?

**Antwort:** Sicher ist nichts erschwert worden durch die Gespräche auf der Krim. Aber ich möchte vor falschen Beurteilungen warnen, auch vor falschen Hoffnungen. Denn die Lage ist nicht so, daß die Bundesrepublik Deutschland, wenn sie Schwierigkeiten mit der DDR hat, nur nach Moskau zu laufen braucht, um diese Schwierigkeiten in Ordnung zu bringen. Wir werden uns vielmehr darauf einzustellen haben, daß wir Schwierigkeiten mit der DDR im wesentlichen mit ihr selbst ausräumen müssen. Natürlich gibt eine solche Gelegenheit wie der Besuch auf der Krim die Möglichkeit, unsere eigene Position darzulegen. Aber das tun andere auch, vielleicht manchmal noch vor uns und vielleicht auch noch nachdrücklicher als wir es tun können.

**Frage:** Eine gewisse Denkschule in der deutschen Politik geht davon aus, die Berlin-Regelung werde schließlich klappen, ebenso eine Vereinbarung über die Verkehrswege. Wenn das erledigt ist, so meinen Skeptiker, dann werde die DDR nicht bereit sein, sich auf eine weitere Verbesserung der innerdeutschen Beziehungen einzulassen. Gibt es in dieser Beziehung Übereinstimmungen zwischen Ihnen und Breschnew, die Sie optimistisch machen?

**Antwort:** Ich weiß nicht, ob man das „optimistisch" nennen kann. Aber es besteht für mich kein Zweifel daran, daß der erste Mann der Sowjetunion aus seiner Sicht mit mir darin übereinstimmt, daß mehr zu regeln ist als nur praktische Fragen wie die der Verkehrsbeziehungen, daß es vielmehr umfassenderer Regelungen bedarf, Regelungen, die die Verantwortung beider deutscher Staaten für den Frieden in Europa deutlich machen; die den Austausch fördern, so wie es den beiderseitigen deutschen Interessen entspricht; und die – wie ich jetzt aus meiner Sicht hinzufüge – schrittweise dazu führen, die Folgen des Kalten Krieges abzubauen. Um auf die Frage zurückzukommen: Ich teile nicht die Befürchtung, daß die Gespräche mit der DDR – schwierig wie sie sind – von der anderen Seite zum Abbruch gebracht werden würden, sobald man einen Verkehrsvertrag zustande gebracht hat. [...]

Bulletin (Presse- und Informationsamt der Bundesregierung) Nr. 136 vom 21. September 1971, S. 1471–1473.

## M2 Dokumente zur Einleitung des Ratifikationsverfahrens zu den Verträgen von Moskau und Warschau, Dezember 1971

Die Bundesregierung hat am 13. Dezember 1971 dem Bundesrat die Entwürfe der Ratifikationsgesetze zu den Verträgen von Moskau und Warschau zugeleitet.

**A Moskauer Vertrag**

Schreiben des Bundeskanzlers an den Präsidenten des Bundesrates [...]

*Artikel 1*

Der am 12. August 1970 unterzeichnete Vertrag zwischen der Bundesrepublik Deutschland und der UdSSR legt Grundsätze für eine Verbesserung der Beziehungen zwischen den vertragsabschließenden Staaten fest. Die Mitglieder der Allianz haben den Vertrag als Beitrag zur Minderung der Spannungen in Europa und als ein wichtiges Element des Modus vivendi, den die Bundesrepublik mit ihren östlichen Nachbarn herstellen will, begrüßt. Die Politik der Bundesregierung, zu deren Ergebnissen auch der Vertrag von Moskau gehört, ist Teil der Bemühungen des Atlantischen Bündnisses um die Sicherheit des Friedens in Europa. In diesem größeren Rahmen eingebettet bemüht sie sich, bessere Voraussetzungen für Fortschritte auch in der deutschen Frage zu schaffen. Mehr als ein Vierteljahrhundert nach der Kapitulation ist die deutsche Frage noch immer ungelöst. Das deutsche Volk ist gegen seinen Willen in zwei Staatswesen organisiert. Der Zeitpunkt, in dem es sich in freier Ausübung seines Selbstbestimmungsrechts wieder vereinigt, läßt sich heute nicht voraussehen. Sicher aber kann nur über eine längere Periode der Annäherung und des Abbaus von Spannungen ein Zustand des Friedens in Europa erreicht werden, in dem das deutsche Volk seine Einheit wiedererlangt. Dem deutsch-sowjetischen Verhältnis kommt für die Herbeiführung eines solchen Zustandes eine Schlüsselrolle zu.

Bulletin (Presse- und Informationsamt der Bundesregierung) Nr. 186 vom 15. Dezember 1971, S. 2013–2020.

### **M3** Der Vorsitzende des Ministerrats der DDR, Willi Stoph an den Regierenden Bürgermeister von Berlin, Klaus Schütz (SPD) zur Berlin-Frage, Februar 1971

*Sehr geehrter Herr Regierender Bürgermeister!*

Die Regierung der Deutschen Demokratischen Republik mißt den gegenwärtigen Bemühungen um Entspannung im Zentrum Europas und um die Normalisierung der Lage Westberlins große Bedeutung bei. Sie ist fest davon überzeugt, daß die Bemühungen nicht nur notwendig sind, sondern auch zu positiven Ergebnissen führen werden, wenn die Beteiligten den dazu erforderlichen guten Willen zeigen und die legitimen Rechte und Interessen gegenseitig achten. Einige Fragen, die mit einer möglichen Regelung zusammenhängen, betreffen unmittelbar die Beziehungen Westberlins zur Deutschen Demokratischen Republik. Naturgemäß müßten die Regierung der DDR und die Behörden Westberlins vor allem dafür sorgen, daß diese Fragen auf die günstigste Weise gelöst werden. Im Namen der Regierung der DDR schlage ich Ihnen vor, Verhandlungen zwischen der Regierung der DDR und dem Senat von Westberlin über den Besuch von Bürgern Ihrer Stadt in der Deutschen Demokratischen Republik einschließlich ihrer Hauptstadt zu beginnen. Eine Vereinbarung in dieser Frage kann verständlicherweise in dem Falle verwirklicht werden, wenn Vereinbarungen über andere Westberlin betreffende Fragen, die in entsprechenden Verhandlungen beraten werden, in Kraft gesetzt sind. Die konkreten Festlegungen einer Übereinkunft könnten von unseren Vertretern am Verhandlungstisch erörtert werden. Die Regierung der DDR erklärt aber ihre Bereitschaft, die Frage der Besuche so zu lösen, daß den Bürgern Westberlins die Gastlichkeit der Deutschen Demokratischen Republik in gleicher Weise zuteil wird wie anderen Besuchern der Deutschen Demokratischen Republik. [...]

*Mit vorzüglicher Hochachtung*
*gez. W. Stoph*
*Vorsitzender des Ministerrats der Deutschen Demokratischen Republik*

Neues Deutschland Nr. 57 vom 26. Februar 1971. Abdruck in: Europa-Archiv. Folge 11/1971, S. 269–270.

**M4 Ostverträge und nationale Frage. Aus einem Bericht des Zentralkomitees der Sozialistischen Einheitspartei Deutschlands an den VIII. Parteitag der SED (Berichterstatter: Der Erste Sekretär des ZK der SED Erich Honecker), Juni 1971**

[...] Das Eintreten unserer Republik für Frieden und nationale Unabhängigkeit stärkte die internationale Autorität unseres sozialistischen Staates. Diese Politik wird von den Völkern, insbesondere der national befreiten Staaten, in zunehmendem Maße erkannt und gewürdigt. Das fand nach dem VII. Parteitag seinen Ausdruck auch in der Aufnahme von diplomatischen Beziehungen zu 16 weiteren Staaten, so daß die Deutsche Demokratische Republik heute zu 29 Staaten diplomatische Beziehungen unterhält. [...]

Große Bedeutung für die europäische Sicherheit kommt den Verträgen zu, die zwischen der UdSSR und der BRD sowie zwischen der Volksrepublik Polen und der BRD abgeschlossen wurden. Zum Nutzen aller europäischen Völker wurde damit ein bedeutungsvoller Schritt in Richtung auf die Entspannung und die Gesundung der Atmosphäre in Europa getan. Die Verträge bestätigen die Unerschütterlichkeit der in Europa entstandenen Grenzen, einschließlich der Grenze an Oder und Neiße sowie der Grenze zwischen der Deutschen Demokratischen Republik und der BRD. Sie enthalten den Verzicht auf Gewaltanwendung und Gewaltandrohung. Das besondere Interesse der Deutschen Demokratischen Republik an diesen Verträgen steht außer Frage, weil die territoriale Integrität der Deutschen Demokratischen Republik auf diese Weise erneut bekräftigt wurde. [...]

Unsere Partei und die Regierung der Deutschen Demokratischen Republik sind nach wie vor bereit, auf Schritte der Bonner Regierung, die der realen Lage Rechnung tragen, positiv zu reagieren. Die Deutsche Demokratische Republik hat in bezug auf ihren Beitrag zur Sicherung des Friedens in Europa ein klares Konzept:

1. Die Deutsche Demokratische Republik tritt für die baldmögliche Einberufung einer europäischen Sicherheitskonferenz ein und ist bereit, als gleichberechtigter Teilnehmer auf ihren Erfolg hinzuwirken. [...]

2. Wir bekunden erneut unsere Bereitschaft, Mitglied der Organisation der Vereinten Nationen und ihrer Spezialorganisationen zu werden. Die Aufnahme der Deutschen Demokratischen Republik in die UNO würde vollauf dem Prinzip der Universalität der Weltorganisation entsprechen und für die Entspannung in Europa gewiß von Nutzen sein.

3. Die Deutsche Demokratische Republik erklärt ihre Bereitschaft, mit allen Staaten normale diplomatische Beziehungen aufzunehmen. Dabei gehen wir von der Gleichberechtigung aller Staaten aus und lassen uns von dem selbstverständlichen Grundsatz leiten, daß jeder Staat die Souveränität der Deutschen Demokratischen Republik in gleicher Weise achtet wie die Deutsche Demokratische Republik ihrerseits die Souveränität anderer Staaten voll respektiert.

4. Die Deutsche Demokratische Republik tritt weiterhin für die Aufnahme normaler Beziehungen entsprechend den Regeln des Völkerrechts auch zur BRD ein. Die Regierung der BRD kennt unsere diesbezüglichen Vorschläge seit langem bis ins einzelne. Allerdings hat sie ihre destruktive Haltung zu einer Regelung, wie sie zwischen allen souveränen Staaten üblich ist, bisher nicht aufgegeben. Selbstverständlich ist die von Bonn in diesem Zusammenhang vertretene Formel von „besonderen innerdeutschen Beziehungen" kein Beitrag für, sondern ein Torpedo gegen die Normalisierung der Beziehungen zwischen den beiden Staaten und zugleich gegen die europäische Sicherheit. Diese These, die mit der Wirklichkeit auf Kriegsfuß steht, zielt auf nichts anderes ab, als das Völkerrecht für die Regelung der Beziehungen zwischen der Deutschen Demokratischen Republik und der BRD auszuschließen. Das kann nicht anders verstanden werden als eine Fortsetzung der bereits früher gescheiterten revanchistischen Zielsetzung mit anderen Mitteln und Methoden. An der Regierung in Bonn liegt es, die Zeichen der Zeit zu verstehen.

5. Die Deutsche Demokratische Republik ist unverändert bereit zur Normalisierung des Verhältnisses gegenüber Westberlin, um damit zur Entspannung im Zentrum Europas beizutragen. In diesem Sinne wünscht die Deutsche Demokratische Republik einen Erfolg der Vier-Mächte-Verhandlungen über Westberlin. Eine Verständigung in dieser Frage würde den Interessen aller entsprechen und den Boden für Streitigkeiten und Konflikte im Zusammenhang mit Westberlin beseitigen. Diese Haltung haben wir, wie jeder weiß, auch durch Taten unterstrichen. Unsere Vorschläge in den Gesprächen mit dem Senat von Westberlin gehen selbstverständlich davon aus, daß von beiden Seiten guter Wille gezeigt wird. Dazu gehört die Anerkennung der Realität, daß Westberlin eine Stadt mit einem besonderen politischen Status ist, niemals zur Bundesrepublik gehörte und nie zu ihr gehören wird. Auf dieser Grundlage ist es möglich, alle anstehenden Fragen im Interesse der Festigung des europäischen Friedens und nicht zuletzt im Interesse der Bevölkerung Westberlins einer Regelung zuzuführen.

Genossinnen und Genossen!

Die herrschenden Kreise in der BRD suchen ihre revanchistische Linie von den bereits erwähnten „innerdeutschen Beziehungen“ mit der betrügerischen Behauptung zu stützen, es bestehe unverändert eine einheitliche deutsche Nation. Davon kann selbstverständlich keine Rede sein. Was die nationale Frage betrifft, so hat hierüber bereits die Geschichte entschieden. [...] Man muß bei der Einschätzung der nationalen Frage von ihrem Klasseninhalt ausgehen. Die sozialistische Revolution, die zur Erneuerung aller Existenzformen der menschlichen Gesellschaft führt, erneuert auch von Grund auf die Nation. Indem das Proletariat – wie Marx und Engels im „Kommunistischen Manifest“ begründeten – die politische Herrschaft erobert, erhebt es sich zur nationalen Klasse, konstituiert es sich selbst als Nation. Mit der Errichtung der Arbeiter-und-Bauern-Macht und dem Aufbau der sozialistischen Gesellschaft entwickelt sich ein neuer Typus der Nation, die sozialistische Nation. Im Gegensatz zur BRD, wo die bürgerliche Nation fortbesteht und wo die nationale Frage durch den unversöhnlichen Klassenwiderspruch zwischen der Bourgeoisie und den werktätigen Massen bestimmt wird, der – davon sind wir überzeugt – im Verlauf des welthistorischen Prozesses des Übergangs vom Kapitalismus zum Sozialismus seine Lösung finden wird, entwickelt sich bei uns in der Deutschen Demokratischen Republik, im sozialistischen deutschen Staat, die sozialistische Nation. [...]

Dokumente zur Geschichte der SED. Band 3 – 1971 bis 1986. Berlin 1986, S. 7–33.

### M5 Dokumente zum Vierseitigen Abkommen über Berlin – Viermächte-Abkommen, September 1971

Die Regierungen der Union der Sozialistischen Sowjetrepubliken, des Vereinigten Königreiches von Großbritannien und Nordirland, der Vereinigten Staaten von Amerika und der Französischen Republik, vertreten durch ihre Botschafter, die in dem früher vom Alliierten Kontrollrat benutzten Gebäude im amerikanischen Sektor Berlins eine Reihe von Sitzungen abgehalten haben, handelnd auf der Grundlage ihrer vierseitigen Rechte und Verantwortlichkeiten und der entsprechenden Vereinbarungen und Beschlüsse der vier Mächte aus der Kriegs- und Nachkriegszeit, die nicht berührt werden; unter Berücksichtigung der bestehenden Lage in dem betreffenden Gebiet; von dem Wunsch geleitet, zu praktischen Verbesserungen der Lage beizutragen; unbeschadet ihrer Rechtspositionen, haben folgendes vereinbart:

**Teil I**

*Allgemeine Bestimmungen*

1. Die vier Regierungen werden bestrebt sein, die Beseitigung von Spannungen und die Verhütung von Komplikationen in dem betreffenden Gebiet zu fördern.

2. Unter Berücksichtigung ihrer Verpflichtungen nach der Charta der Vereinten Nationen stimmen die vier Regierungen darin überein, daß in diesem Gebiet keine Anwendung oder

Androhung von Gewalt erfolgt und daß Streitigkeiten ausschließlich mit friedlichen Mitteln beizulegen sind.

3. Die vier Regierungen werden ihre individuellen und gemeinsamen Rechte und Verantwortlichkeiten, die unverändert bleiben, gegenseitig achten.

4. Die vier Regierungen stimmen darin überein, daß ungeachtet der Unterschiede in den Rechtsauffassungen die Lage, die sich in diesem Gebiet entwickelt hat und wie sie in diesem Abkommen sowie in den anderen in diesem Abkommen genannten Vereinbarungen definiert ist, nicht einseitig verändert wird.

**Teil II**

*Bestimmungen, die die Westsektoren Berlins betreffen*

A. Die Regierung der Union der Sozialistischen Sowjetrepubliken erklärt, daß der Transitverkehr von zivilen Personen und Gütern zwischen den Westsektoren Berlins und der Bundesrepublik Deutschland auf Straßen, Schienen- und Wasserwegen durch das Territorium der Deutschen Demokratischen Republik ohne Behinderungen sein wird; daß dieser Verkehr erleichtert werden wird, damit er in der einfachsten und schnellsten Weise vor sich geht; und daß er Begünstigung erfahren wird. Die diesen zivilen Verkehr betreffenden konkreten Regelungen, wie sie in Anlage I niedergelegt sind, werden zwischen den zuständigen deutschen Behörden vereinbart.

B. Die Regierungen der Französischen Republik, des Vereinigten Königreiches und der Vereinigten Staaten von Amerika erklären, daß die Verbindungen zwischen den Westsektoren Berlins und der Bundesrepublik Deutschland aufrechterhalten und entwickelt werden, wobei sie berücksichtigen, daß diese Sektoren so wie bisher kein Bestandteil der Bundesrepublik Deutschland sind und auch weiterhin nicht von ihr regiert werden. Konkrete Regelungen, die das Verhältnis zwischen den Westsektoren Berlins und der Bundesrepublik Deutschland betreffen, sind in Anlage II niedergelegt.

C. Die Regierung der Union der Sozialistischen Sowjetrepubliken erklärt, daß die Kommunikationen zwischen den Westsektoren Berlins und Gebieten, die an diese Sektoren grenzen, sowie denjenigen Gebieten der Deutschen Demokratischen Republik, die nicht an diese Sektoren grenzen, verbessert werden. Ständige Einwohner der Westsektoren Berlins werden aus humanitären, familiären, religiösen, kulturellen oder kommerziellen Gründen oder als Touristen in diese Gebiete reisen und sie besuchen können, und zwar unter Bedingungen, die denen vergleichbar sind, die für andere in diese Gebiete einreisende Personen gelten. Die Probleme der kleinen Enklaven einschließlich Steinstückens und anderer kleiner Gebiete können durch Gebietsaustausch gelöst werden. Konkrete Regelungen, die die Reisen, die Kommunikationen und den Gebietsaustausch betreffen, wie in Anlage III niedergelegt, werden zwischen den zuständigen deutschen Behörden vereinbart. [...]

Dokumentation der Zeit. Informations-Archiv. Deutsches Institut für Zeitgeschichte Berlin (Hrsg.), Heft 21/1971, S. 31–44.

### M6 Interview des Ersten Sekretärs des ZK der SED Erich Honecker mit „Neues Deutschland" zum Viermächte-Abkommen über Berlin, September 1971

**Frage:** Sie haben den Nutzen der Viermächte-Vereinbarung bereits erläutert. Was bedeutet das Ergebnis der Verhandlungen im einzelnen für die Position der Deutschen Demokratischen Republik?

**Antwort:** In dem Viermächte-Abkommen haben sich die drei Westmächte – die USA, Großbritannien und Frankreich – zum erstenmal über die Deutsche Demokratische Republik als einen souveränen Staat, über seine Grenzen und seine Beziehungen zur Bundesrepublik Deutschland und zu Westberlin verbindlich geäußert. Diese Tatsache schätzen wir sehr hoch ein. Es handelt sich ja um ein internationales Abkommen, in dem die Deutsche Demokratische Republik, ihr Territorium und ihre Grenzen genannt werden. Dieses Abkommen trägt die Unterschriften der Vertreter der Regierungen der USA, Großbritanniens und Frankreichs. Die Äußerung der drei Westmächte über die Deutsche Demokratische Republik hat also völkerrechtlich verbindlichen Charakter. Die völkerrechtliche Position der Deutschen Demokratischen Republik ist damit zweifellos weiter gestärkt worden.

**Frage:** Wird das Abkommen der vier Mächte weitere Auswirkungen für die Festigung des Friedens haben, Wirkungen, die über das Gebiet, das unmittelbar betroffen ist, hinausgehen?

**Antwort:** Die Unterzeichnung des Abkommens der vier Mächte über Westberlin hat große Bedeutung für die weitere Verwirklichung des Friedensprogramms, das auf dem XXIV. Parteitag der Kommunistischen Partei der Sowjetunion beschlossen wurde. Dieses umfassende Friedensprogramm sieht für Europa vor, von der Anerkennung der im Ergebnis des Zweiten Weltkrieges entstandenen territorialen Veränderungen auszugehen und eine grundlegende Wende zu Entspannung und Frieden auf diesem Kontinent zu vollziehen. Die Einigung über Westberlin erleichtert natürlich weitere Fortschritte in dieser Richtung […].

**Frage:** Ich möchte einige Fragen stellen, die die Westberlin-Vereinbarung direkt betreffen. Was ergibt sich in dieser Hinsicht Neues von entscheidender Bedeutung?

**Antwort:** Es ist von besonderer Bedeutung für die Ausschaltung von Konflikten und für die Sicherheit Europas, daß die drei Westmächte zum ersten Male in völkerrechtlich verbindlicher Form unterschrieben haben, daß Westberlin kein Bestandteil der Bundesrepublik ist und nicht von ihr regiert wird. Das entspricht den völkerrechtlichen Gegebenheiten, die die Union der Sozialistischen Sowjetrepubliken und die Deutsche Demokratische Republik jederzeit vertraten. Von den drei Mächten wird bestätigt, daß Bestimmungen des Grundgesetzes der Bundesrepublik und der in Westberlin geltenden Verfassung, die mit der genannten Feststellung nicht übereinstimmen, außer Kraft gesetzt sind und nach wie vor keine Gültigkeit haben. […]

**Frage:** Wurde nicht von gewissen Kreisen bisher behauptet, es müsse bei Verhandlungen eigentlich „ganz Berlin" zur Debatte stehen?

**Antwort:** In dem Abkommen der vier Mächte wird klar gesagt, was dazu zu sagen ist. Verhandelt wurde über die westlichen Sektoren Berlins, über deren Einwohner, über den Transit zwischen den westlichen Sektoren Berlins und der Bundesrepublik Deutschland und über die Vertretung dieser Sektoren im Ausland. Das demokratische Berlin ist seit mehr als zwei Jahrzehnten die Hauptstadt der Deutschen Demokratischen Republik. Sie ist kein Gegenstand des Viermächte-Abkommens. […]

Neues Deutschland Nr. 245 vom 5. September 1971. Abdruck in: Europa-Archiv. Folge 19 / 1971, S. 465–468.

## M7 Abkommen zwischen der Regierung der Deutschen Demokratischen Republik und der Regierung der Bundesrepublik Deutschland über den Transitverkehr von zivilen Personen und Gütern zwischen der Bundesrepublik Deutschland und Berlin (West) – Transitabkommen, Dezember 1971

[…]

**Artikel 1**

Gegenstand dieses Abkommens ist der Transitverkehr von zivilen Personen und Gütern auf Straßen, Schienen- und Wasserwegen zwischen der Bundesrepublik Deutschland und den Westsektoren Berlins – Berlin (West) – durch das Hoheitsgebiet der Deutschen Demokratischen Republik – im folgenden Transitverkehr genannt.

**Artikel 2**

1. Der Transitverkehr wird erleichtert werden und ohne Behinderung sein. Er wird in der einfachsten, schnellsten und günstigsten Weise erfolgen, wie es in der internationalen Praxis vorzufinden ist.

2. Im Transitverkehr finden die allgemein üblichen Vorschriften der Deutschen Demokratischen Republik bezüglich der öffentlichen Ordnung Anwendung, soweit dieses Abkommen nichts anderes bestimmt.

**Artikel 3**

Der Transitverkehr erfolgt über die vorgesehenen Grenzübergangsstellen und Transitstrecken.

**Artikel 4**
Für Transitreisende werden Visa in den Grenzübergangsstellen der Deutschen Demokratischen Republik erteilt. Dies geschieht im Interesse der schnellstmöglichen Durchführung des Transitverkehrs, von Ausnahmen abgesehen, die sich aus der Anwendung der Bestimmungen dieses Abkommens ergeben, am Fahrzeug beziehungsweise bei durchgehenden Autobussen und durchgehenden Zügen im Transportmittel. Für Transitreisende in durchgehenden Autobussen können Sammelvisa erteilt werden, wenn von den jeweiligen Autobusunternehmen oder ihren Beauftragten die erforderlichen Sammelreiselisten vorgelegt werden.
**Artikel 5**
[...] 1. Ein Mißbrauch im Sinne dieses Abkommens liegt vor, wenn ein Transitreisender nach Inkrafttreten dieses Abkommens während der jeweiligen Benutzung der Transitwege rechtswidrig und schuldhaft gegen die allgemein üblichen Vorschriften der Deutschen Demokratischen Republik bezüglich der öffentlichen Ordnung verstößt, indem er a) Materialien verbreitet oder aufnimmt; b) Personen aufnimmt; c) die vorgesehenen Transitwege verläßt, ohne durch besondere Umstände, wie Unfall oder Krankheit, oder durch Erlaubnis der zuständigen Organe der Deutschen Demokratischen Republik dazu veranlaßt zu sein; d) andere Straftaten begeht oder e) durch Verletzung von Straßenverkehrsvorschriften Ordnungswidrigkeiten begeht. [...]
Im Falle hinreichenden Verdachts eines Mißbrauchs werden die zuständigen Organe der Deutschen Demokratischen Republik die Durchsuchung von Reisenden, der von ihnen benutzten Transportmittel sowie ihres persönlichen Gepäcks nach den allgemein üblichen Vorschriften der Deutschen Demokratischen Republik bezüglich der öffentlichen Ordnung durchführen oder die Reisenden zurückweisen. [...]
Abgaben, Gebühren und andere Kosten, die den Verkehr auf den Transitwegen betreffen, einschließlich der Instandhaltung der entsprechenden Wege, Einrichtungen und Anlagen, die für diesen Verkehr benutzt werden, werden von der Bundesrepublik Deutschland an die Deutsche Demokratische Republik in Form einer jährlichen Pauschalsumme gezahlt. [...] Die Pauschalsumme wird für die Jahre 1972 bis 1975 auf 234,9 Millionen DM pro Jahr festgelegt.

Gesetzblatt der DDR. Jahrgang 1972. Teil II. Nr. 30 vom 3. Juni 1972, S. 349–354.

### M8 Erklärung der Regierung der DDR zur Durchführung des Reise- und Besucherverkehrs von Personen mit ständigem Wohnsitz in Berlin (West), Dezember 1971

1. Die zuständigen Organe der Deutschen Demokratischen Republik sind gehalten, bei der Genehmigung der Einreisen für Personen mit ständigem Wohnsitz in Berlin (West) auch die Wünsche der Staatsbürger der Deutschen Demokratischen Republik zu berücksichtigen. Einreisen zu Besuchen bei Bürgern der Deutschen Demokratischen Republik können deshalb nur genehmigt werden, wenn sie selbst einen entsprechenden Antrag stellen.
2. Das Recht, Anträge auf Einreisen von Personen mit ständigem Wohnsitz in Berlin (West) zu stellen, haben auch staatliche und wirtschaftliche Organe, gesellschaftliche Organisationen sowie wissenschaftliche und kulturelle Institutionen der Deutschen Demokratischen Republik.
3. Personen mit ständigem Wohnsitz in Berlin (West) können Anträge zur Einreise in die Deutsche Demokratische Republik stellen, wenn sie als Touristen in die Deutsche Demokratische Republik einreisen wollen.
4. Unter Beachtung der allgemein üblichen Vorschriften der Deutschen Demokratischen Republik bezüglich der öffentlichen Ordnung erteilen die zuständigen Organe der Deutschen Demokratischen Republik Genehmigungen für Einreisen von Personen mit ständigem Wohnsitz in Berlin (West) unter vergleichbaren Bedingungen, wie sie für andere einreisende Personen gelten.
5. Einreisevisa werden an den Grenzübergangsstellen der Deutschen Demokratischen Republik auf der Grundlage eines Berechti-

gungsscheines oder einer anderen Bestätigung (z. B. bestätigter Telegramme bei dringenden Familienangelegenheiten) auf einer Anlage zum gültigen Westberliner Personalausweis gegen eine Gebühr
– bei Einreisen für einen Tag von 5,– DM,
– bei Einreisen für mehr als einen Tag von 15,– DM erteilt.

6. Einreisevisa können die ständigen Einwohner von Berlin (West) auch von den in dritten Ländern bestehenden Konsulaten der Deutschen Demokratischen Republik erhalten.

7. Außer den im Briefwechsel vom heutigen Tage genannten Grenzübergangsstellen ist die Einreise von Personen mit ständigem Wohnsitz in Berlin (West) aus anderen Staaten über die anderen für die jeweiligen Verkehrsmittel zugelassenen Grenzübergangsstellen der Deutschen Demokratischen Republik möglich.

9. Bei der Ein- und Ausreise sind die Zollbestimmungen der Deutschen Demokratischen Republik zu beachten. Danach beträgt die Genehmigungs- und Gebührenfreigrenze 100,– M. Bei Aufenthalten bis zu 4 Tagen beträgt sie pro Tag 20,– M. Die rechtlichen Bestimmungen der Deutschen Demokratischen Republik über die Ein- und Ausfuhr von Gebrauchsgütern sowie Verbrauchs- und Genußmitteln sind den Erklärungen über mitgeführte Gegenstände und Zahlungsmittel zu entnehmen, die jedem Einreisenden übergeben werden.

10. Mit der Erteilung der Genehmigung zur Einreise und zum Aufenthalt verbindet die Deutsche Demokratische Republik die Erwartung, daß Personen mit ständigem Wohnsitz in Berlin (West) während ihres Aufenthaltes in der Deutschen Demokratischen Republik die Rechtsvorschriften der Deutschen Demokratischen Republik achten und einhalten.

11. Personen mit ständigem Wohnsitz in Berlin (West) haben sich am Aufenthaltsort entsprechend der Verordnung über das Meldewesen bei den Dienststellen der Deutschen Volkspolizei anzumelden und vor der Abreise abzumelden. Bei der Anmeldung wird die Dauer der Aufenthaltsberechtigung entsprechend den geltenden Rechtsvorschriften abhängig gemacht von der Erfüllung eines verbindlichen Mindestumtausches von 10,– DM pro Person und Aufenthaltstag. Personen, die sich im Rentenalter befinden, und Kinder bis 16 Jahre sind vom verbindlichen Mindestumtausch befreit. Invaliden- und Unfallrentner sind den Personen im Rentenalter gleichgestellt.

12. Für die Ausreise ist ein Ausreisevisum erforderlich, das bei der Abmeldung gebührenfrei erteilt wird. 13. Bei Einreise von Personen mit ständigem Wohnsitz in Berlin (West) zu einem Aufenthalt bis zu 2 Tagen ist der verbindliche Mindestumtausch an der Grenzübergangsstelle vorzunehmen, und zwar bei einer Aufenthaltsdauer von einem Tag in Höhe von 5,– DM, von 2 Tagen in Höhe von 10,– DM je Person; ist eine An- und Abmeldung bei der Deutschen Volkspolizei nicht erforderlich. Unabhängig von der Aufenthaltsdauer ist in diesen Fällen jedoch bei einem Aufenthalt in Wohngebäuden innerhalb von 24 Stunden eine Eintragung in das Hausbuch vorzunehmen bzw. bei einem Aufenthalt in Beherbergungsstätten die entsprechende Meldepflicht zu erfüllen.

14. Die Aufenthaltsdauer endet jeweils um 24.00 Uhr des Tages, an dem die Ausreise zu erfolgen hat.

Neues Deutschland Nr. 352 vom 21. Dezember 1971. Abdruck in: Europa-Archiv. Folge 3/1972, S. 80–82.

## M9 Vertrag über die Grundlagen der Beziehungen zwischen der Bundesrepublik Deutschland und der Deutschen Demokratischen Republik (Grundlagen-/Grundvertrag), Dezember 1972

Die Hohen Vertragschließenden Seiten eingedenk ihrer Verantwortung für die Erhaltung des Friedens, in dem Bestreben, einen Beitrag zur Entspannung und Sicherheit in Europa zu leisten, in dem Bewußtsein, daß die Unverletzlichkeit der Grenzen und die Achtung der territorialen Integrität und der Souveränität aller Staaten in Europa in ihren gegenwärtigen Grenzen eine grundlegende Bedingung für den Frieden sind, in der Erkenntnis, daß sich daher die beiden deutschen Staaten in ihren Beziehungen der

Androhung oder Anwendung von Gewalt zu enthalten haben, ausgehend von den historischen Gegebenheiten und unbeschadet der unterschiedlichen Auffassungen der Bundesrepublik Deutschland und der Deutschen Demokratischen Republik zu grundsätzlichen Fragen, darunter zur nationalen Frage, geleitet von dem Wunsch, zum Wohle der Menschen in den beiden deutschen Staaten die Voraussetzungen für die Zusammenarbeit zwischen der Bundesrepublik Deutschland und der Deutschen Demokratischen Republik zu schaffen, sind wie folgt übereingekommen:

**Artikel 1**

Die Bundesrepublik Deutschland und die Deutsche Demokratische Republik entwickeln normale gutnachbarliche Beziehungen zueinander auf der Grundlage der Gleichberechtigung.

**Artikel 2**

Die Bundesrepublik Deutschland und die Deutsche Demokratische Republik werden sich von den Zielen und Prinzipien leiten lassen, die in der Charta der Vereinten Nationen niedergelegt sind, insbesondere der souveränen Gleichheit aller Staaten, der Achtung der Unabhängigkeit, Selbständigkeit und territorialen Integrität, dem Selbstbestimmungsrecht, der Wahrung der Menschenrechte und der Nichtdiskriminierung.

**Artikel 3**

Entsprechend der Charta der Vereinten Nationen werden die Bundesrepublik Deutschland und die Deutsche Demokratische Republik ihre Streitfragen ausschließlich mit friedlichen Mitteln lösen und sich der Drohung mit Gewalt oder der Anwendung von Gewalt enthalten. Sie bekräftigen die Unverletzlichkeit der zwischen ihnen bestehenden Grenze jetzt und in der Zukunft und verpflichten sich zur uneingeschränkten Achtung ihrer territorialen Integrität.

**Artikel 4**

Die Bundesrepublik Deutschland und die Deutsche Demokratische Republik gehen davon aus, daß keiner der beiden Staaten den anderen international vertreten oder in seinem Namen handeln kann.

**Artikel 5**

Die Bundesrepublik Deutschland und die Deutsche Demokratische Republik werden friedliche Beziehungen zwischen den europäischen Staaten fördern und zur Sicherheit und Zusammenarbeit in Europa beitragen. Sie unterstützen die Bemühungen um eine Verminderung der Streitkräfte und Rüstungen in Europa [...].

**Artikel 6**

Die Bundesrepublik Deutschland und die Deutsche Demokratische Republik gehen von dem Grundsatz aus, daß die Hoheitsgewalt jedes der beiden Staaten sich auf sein Staatsgebiet beschränkt. Sie respektieren die Unabhängigkeit und Selbständigkeit jedes der beiden Staaten in seinen inneren und äußeren Angelegenheiten.

**Artikel 7**

Die Bundesrepublik Deutschland und die Deutsche Demokratische Republik erklären ihre Bereitschaft, im Zuge der Normalisierung ihrer Beziehungen praktische und humanitäre Fragen zu regeln. Sie werden Abkommen schließen, um auf der Grundlage dieses Vertrages und zum beiderseitigen Vorteil die Zusammenarbeit auf dem Gebiet der Wirtschaft, der Wissenschaft und Technik, des Verkehrs, des Rechtsverkehrs, des Post- und Fernmeldewesens, des Gesundheitswesens, der Kultur, des Sports, des Umweltschutzes und auf anderen Gebiete zu entwickeln und zu fördern. Einzelheiten sind in dem Zusatzprotokoll geregelt.

**Artikel 8**

Die Bundesrepublik Deutschland und die Deutsche Demokratische Republik werden ständige Vertretungen austauschen. Sie werden am Sitz der jeweiligen Regierung errichtet. [...]

**Artikel 10**

Dieser Vertrag bedarf der Ratifikation und tritt am Tage nach dem Austausch entsprechender Noten in Kraft. [...]

GESCHEHEN in Berlin am 21. Dezember 1972 [...]

Bundesgesetzblatt. Jahrgang 1973. Teil II. Nr. 25 vom 9. Juni 1973. S. 423–429.

### M10 Bundesminister Egon Bahr (SPD) anlässlich der Unterzeichnung des Grundlagenvertrages mit der DDR, Dezember 1972

Der Vertrag, der heute unterzeichnet worden ist, ist die Grundlage für das Verhältnis der beiden deutschen Staaten. Er ist das Fundament, auf dem das Gebäude ihrer Beziehungen wachsen soll, zum Wohle der Menschen. Er trägt der völkerrechtlichen Situation in der Mitte Europas Rechnung, in der es zwei Staaten gibt, die sich deutsch nennen. Diese beiden deutschen Staaten, die sich aus den Trümmern des Reiches entwickelt haben, gehören verschiedenen Gesellschaftssystemen, verschiedenen Bündnissen an und haben grundsätzliche Meinungsunterschiede in vielen Fragen. Dennoch teilen sie mit diesem Vertrag den Willen zum Frieden, den Verzicht auf Gewalt, die Achtung der Ziele und Grundsätze der Charta der Vereinten Nationen, die Gleichberechtigung beider Staaten und ihre Selbständigkeit in inneren wie äußeren Angelegenheiten. Sie schaffen damit die Voraussetzungen gutnachbarlicher Beziehungen der Zusammenarbeit, des friedlichen Nebeneinanders, die zu einem Miteinander führen sollen. Diese konstruktiven Ziele im Interesse der Menschen, im Interesse aller europäischen Staaten an der Sicherung des Friedens, sollen Vorrang haben vor ihren unterschiedlichen Zielen, sogar in der nationalen Frage. Die Regierung der DDR hat heute verbindlich mitgeteilt, daß sie nach Inkrafttreten des Vertrages Schritte zur Lösung von Problemen, die sich aus der Trennung von Familien ergeben, sowie Maßnahmen zur Reiseerleichterung und zur Verbesserung des nichtkommerziellen Warenverkehrs unternehmen wird. Ich habe diese Mitteilung durch einen entsprechenden Brief bestätigt. Wir waren uns in den Verhandlungen einig, daß die dort vorgesehenen Erleichterungen kein einmaliger Akt sein werden, sondern im Zuge der Normalisierung ausgebaut werden sollen. Der Briefwechsel über die Öffnung weiterer Übergangsstellen steht im gleichen Zusammenhang. Der Briefwechsel zu Artikel 9 des Vertrages, ebenfalls heute unterzeichnet, stellt fest, daß die Rechte und Verantwortlichkeiten der vier Mächte durch den Vertrag nicht berührt werden können. Er ist zu sehen im Zusammenhang mit den Feststellungen, die Vertreter der vier Regierungen in ihrem Abkommen vom 3. September 1971 getroffen haben und der Erklärung, die sie aus Anlaß des Beitritts der beiden deutschen Staaten zu den Vereinten Nationen abgeben werden. Es besteht Einvernehmen, daß die Ausdehnung von Abkommen und Regelungen, die im Zusatzprotokoll zu Artikel 7 vorgesehen sind, in Übereinstimmung mit dem Vier-Mächte-Abkommen vom 3. September 1971 auf Berlin (West) im jeweiligen Fall vereinbart werden kann. Die ständige Vertretung der Bundesrepublik Deutschland in der Deutschen Demokratischen Republik wird in Übereinstimmung mit dem Vier-Mächte-Abkommen vom 3. September 1971 die Interessen von Berlin (West) vertreten. Vereinbarungen zwischen der Deutschen Demokratischen Republik und dem Senat bleiben unberührt. Ein Vertrag über die Grundlagen der Beziehungen trüge diesen Namen zu unrecht, wenn er nicht den Weg eröffnen würde, auf dem beide Staaten nach gemeinsamen Interessen suchen, trotz der sie trennenden Grundsatzauffassungen. Deshalb haben beide Regierungen vereinbart, sich im Zuge der Normalisierung der Beziehungen zwischen der Bundesrepublik Deutschland und der Deutschen Demokratischen Republik über Fragen von beiderseitigem Interesse, insbesondere über solche, die für die Sicherung des Friedens in Europa von Bedeutung sind, zu konsultieren. [...]

Außenpolitische Korrespondenz (Bereich Presse und Information des Ministeriums für Auswärtige Angelegenheiten der DDR) Nr. 51 vom 22. Dezember 1972, S. 393.

### M11 DDR tut alles, um den Grundlagenvertrag nach Geist und Buchstaben zu erfüllen, August 1973

Vor kurzem hat sich der 2. Senat des Bundesverfassungsgerichts der BRD, Karlsruhe, in einem Urteil zum Grundlagenvertrag DDR-BRD geäußert. Nun ist sicherlich jedermann unbenommen, seine Meinung zu internationalen Verträgen, also auch zum Berliner Vertrag, zu sagen. Das ändert allerdings nichts an den Verträgen, auch nicht am Grundlagenvertrag. Er ist unterschrieben, ratifiziert, in Kraft gesetzt. Wird er von beiden Seiten nach Geist und Buchstaben verwirklicht, dann dient dies dem Frieden, und die Menschen haben den Nutzen davon.

Nun wird in dem Urteil des Bundesverfassungsgerichts allerdings deutlich, daß in der BRD nach wie vor einflußreiche Kräfte am Werk sind, die sich der Entspannung entgegenstemmen. Wie anders soll man das bewerten, wenn von den Richtern in Karlsruhe behauptet wird, es bestehe noch ein Völkerrechtssubjekt „Deutsches Reich" und die BRD sei als Staat „identisch" mit dem Staat „Deutsches Reich"? Es ist aber eine unwiderlegbare Tatsache: Seit über zwei Jahrzehnten existieren die sozialistische DDR und die kapitalistische BRD – zwei souveräne, voneinander unabhängige Staaten. Die These von der Identität der BRD mit dem ehemaligen „Deutschen Reich" wurde mit dem Abschluß des Vertrages über die Grundlagen der Beziehungen zwischen der DDR und der BRD vollends ad absurdum geführt. Bekanntlich wurde im Artikel 2 des Vertrages klar und unmißverständlich festgelegt, daß sich die DDR und die BRD von den Zielen und Prinzipien leiten lassen, die in der Charta der Vereinten Nationen niedergelegt sind. Dazu gehören insbesondere die Prinzipien der souveränen Gleichheit aller Staaten und der Achtung ihrer territorialen Integrität.

Offenkundig sind die Richter in Karlsruhe noch nicht in der Lage, die unzweideutigen völkerrechtlichen Festlegungen eines Vertrages zur Kenntnis zu nehmen. Was soll man sonst von ihrer Behauptung halten, die Grenze zwischen der DDR und der BRD sei nicht als Grenze zwischen souveränen Staaten, sondern ähnlich zu qualifizieren wie die zwischen den Ländern in der BRD verlaufenden Grenzen? In Artikel 3 (Abs. 2) des Vertrages heißt es unmißverständlich: „Sie bekräftigen die Unverletzlichkeit der zwischen ihnen bestehenden Grenze jetzt und in der Zukunft und verpflichten sich zur uneingeschränkten Achtung ihrer territorialen Integrität." [...]

Im Karlsruher Urteil wird weiter behauptet, daß die Bürger der DDR der in der BRD geltenden Staatsangehörigkeitsgesetzgebung unterstehen sollen. Im Artikel 6 des Grundlagenvertrages aber heißt es: „Die DDR und die BRD gehen von dem Grundsatz aus, daß die Hoheitsgewalt jedes der beiden Staaten sich auf sein Staatsgebiet beschränkt. Sie respektieren die Unabhängigkeit und Selbständigkeit jedes der beiden Staaten in seinen inneren und äußeren Angelegenheiten."

Aus der Behauptung des Urteils, daß Westberlin ein Land der BRD sei, ist ersichtlich, daß die Juristen in Karlsruhe nicht nur mit der UN-Charta und dem Grundvertrag, sondern auch mit dem Vierseitigen Abkommen über Westberlin auf Kriegsfuß stehen. Jedermann kann im Abschnitt II B dieses Abkommens lesen, daß Westberlin kein Bestandteil der BRD ist und auch weiterhin nicht von ihr regiert werden darf. [...]

Außenpolitische Korrespondenz (Hauptabteilung Presse des Ministeriums für Auswärtige Angelegenheiten der DDR) Nr. 34 vom 23. August 1973, S. 270.

### M12 Regierungserklärung des Bundeskanzlers Willy Brandt (SPD) vor dem Deutschen Bundestag, 18. Januar 1973

[...] Unsere Friedenspolitik in Europa hat sich als ein Faktor weltweiter Entspannung bewährt. Nicht nur Spannungen, auch Entspannungen übertragen sich. Nicht nur der Unfriede, auch der Friedenswille kann ansteckend sein. Wir wissen allerdings, daß die Entspannung auch ihre eigenen Probleme produziert. Wir beobachten es täglich, auch bei der neuen Ordnung unserer Beziehungen mit der DDR, dem anderen deutschen Staat. Darüber sollte man nicht vergessen: Millionen unserer Landsleute haben in den vergangenen Wochen erfahren, daß Berlin-Abkommen, Verkehrsvertrag und Grundvertrag – über den wir hier erst noch zu beraten haben – insgesamt Ergebnisse einer Politik sind, die dem Menschen dienen will und die ihm auch konkret dient. Daß Familien und Freunde aus alten Tagen wieder zueinander finden, zählt viel für die Zusammengehörigkeit der Deutschen, die auch unter den Existenzbedingungen zweier entgegengesetzter Gesellschaftssysteme ein Volk bleiben wollen. Der Grundvertrag – ich sagte es soeben – ist noch nicht in Kraft. Aber wir wollen schon heute keinen Zweifel daran lassen, daß wir mit geduldiger Bestimmtheit für weitere Verbesserungen im Interesse der Menschen wirken werden. Meine Damen und Herren, entscheidende Voraussetzungen – so meine ich – für die Politik der Entspannung und der Reformen sind geschaffen; nun muß sie beharrlich und zielbewußt in die Wirklichkeit des Alltags übersetzt werden. [...] Für den Ausgleich in Europa, zwischen Ost und West, sind mit den Verträgen von Moskau und Warschau, dem Berlin-Abkommen der Vier Mächte, den dazu gehörenden Vereinbarungen auf der deutschen Ebene und dem Grundvertrag mit der DDR bessere Voraussetzungen geschaffen worden. Wir werden eine breite Zusammenarbeit auf wirtschaftlichem, wissenschaftlich-technischem und auf kulturellem Gebiet mit den Staaten Osteuropas suchen. Die Bundesregierung wird sich gleichzeitig weiterhin um die Linderung humanitärer Probleme bemühen, die bei der Umsiedlung und Familienzusammenführung noch ungelöst sind, und sie wird jede Möglichkeit zur Verbesserung der menschlichen Kontakte nutzen. Das Gefüge unserer bilateralen Verträge zum Gewaltverzicht, der mit der Sowjetunion zuerst vereinbart wurde, verlangt nach einem Abschluß mit der benachbarten Tschechoslowakischen Sozialistischen Republik. Die Bundesregierung hofft, in absehbarer Zeit eine Vereinbarung erreichen zu können, durch die das Münchener Abkommen aufhört, das Verhältnis zwischen den beiden Staaten zu belasten. Die Bundesregierung wird den politischen Dialog mit den Staaten des Warschauer Vertrages fortsetzen und hofft, Budapest und Sofia dabei einschließen zu können. Sie wird den Kontakt mit den bündnisfreien Staaten nicht vernachlässigen. Mit der Vorbereitung der Konferenz über Sicherheit und Zusammenarbeit tritt die Entwicklung der Beziehungen zu Ost-Europa jetzt in eine multilaterale Phase. Der Bundesregierung kommt es dabei vor allem auf praktische Ergebnisse an, die für die Menschen in Europa – und damit auch in Deutschland – spürbar werden. Sie ist entschlossen, trotz der ideologischen Gegensätze geduldig und illusionslos daran mitzuwirken, daß sich auf unserem Kontinent, und sei es auch nur in begrenzten Bereichen, nach und nach ein gemeinsamer Wille herausbildet. Ich bin heute davon überzeugt, meine Damen und Herren, daß, wenn ich europäische Sicherheit und Zusammenarbeit sage, dabei substantielle Fortschritte möglich sind. Wenn der Bundestag das Zustimmungsgesetz billigt, werden wir den Antrag auf Aufnahme in die Vereinten Nationen stellen. Die Politik der Bundesrepublik Deutschland wird damit eine neue Dimension gewinnen; wir werden bereit sein, mehr Mitverantwortung zu übernehmen, auch für die Minderung von Konflikten. [...] Die Bundesregierung hat sich für eine ausgewogene beiderseitige Verminderung von Truppen und Rüstungen in Europa eingesetzt und wird schon an den Vorverhandlungen zu diesem Problem, die demnächst beginnen, teilnehmen. Der Zusammenhang mit der zweiten Runde der Verhandlungen zwischen den Vereinigten Staaten und der Sowjetunion über die Begrenzung der strategischen Waffensysteme ist in jeder Phase auf seine Auswirkungen für Europa zu prüfen. Auch hier darf es keine Illusionen geben. Es ist nicht zu übersehen, daß die Rüstungsentwicklung im Warschauer Pakt das östliche Gesamtpotential steigerte. Die Bundesregierung zieht daraus keine vorschnellen Schlüsse. Aber sie stellt fest, daß es eine parallele Tendenz in Westeuropa nicht gibt. Die Bundesregierung will die Gefahr der Konfrontation in Europa durch kontrollierbare Maßnahmen mindern helfen. Dabei muß der Anspruch aller Beteiligten auf Sicherheit jeweils gewahrt sein. Es ist vernünftig und es ist an der Zeit, in Mitteleuropa durch mehr Vernunft mehr Vertrauen zu schaffen. [...]

Auch die Regierung in Ostberlin will heute – ich zitiere – „über ein geregeltes Nebeneinander zu einem Miteinander kommen“ [...]. Die

Menschen und die Regierenden in den beiden deutschen Staaten haben nach vielen Jahren der Nicht-Beziehungen und der Feindseligkeit den Umgang miteinander zu erfahren und zu lernen. Schwierigkeiten und Reibungen werden uns nicht erspart bleiben. Die Bundesregierung ist entschlossen, den Vertrag, der für die Entwicklung der Beziehungen zur DDR die Grundlagen legt, politisch und rechtlich konsequent durchzuführen und im Interesse der Menschen in beiden Staaten auszufüllen. Meine Damen und Herren, wir wollen einen Zustand erreichen, in dem nicht mehr geschossen wird. Die Regelung der staatlichen Beziehungen muß bei der Lösung der menschlichen Probleme helfen, die ein bitteres Erbe der Teilung sind. Die Bundesregierung betrachtet, wie alle anderen Beteiligten, das Viermächte-Abkommen über Berlin als einen bedeutenden internationalen Erfolg. Er besteht nicht zuletzt in der Festlegung, daß die Bindungen zwischen Berlin (West) oder, wie wir auch sagen, dem Land Berlin und dem Bund erhalten und entwickelt werden können. Alle Beteiligten sollten daran interessiert sein, den Erfolg von 1971/72 nicht zu zerreden, sondern dafür zu sorgen, daß seine Wirkung für die Entspannung im Zentrum Europas in den kommenden Jahren voll genutzt wird. [...]

Bulletin (Presse- und Informationsamt der Bundesregierung) Nr. 6 vom 19. Januar 1973, S. 45–56.

## M13 Protokoll über die Einrichtung Ständiger Vertretungen von DDR und BRD, März 1974

Das Protokoll über die Einrichtung Ständiger Vertretungen der DDR und der BRD in Bonn bzw. Berlin wurde am 14. März im Bundeskanzleramt in Bonn vom Stellvertreter des Ministers für Auswärtige Angelegenheiten der DDR Kurt Nier und dem Staatssekretär im Bundeskanzleramt der BRD Günter Gaus unterzeichnet. Knapp 15 Monate nach Abschluß des Vertrages über die Grundlagen der Beziehungen zwischen der DDR und der BRD wurde mit der Unterzeichnung des Protokolls ein weiterer Schritt im Normalisierungsprozeß zwischen diesen beiden Nachbarstaaten unterschiedlicher Gesellschaftsordnung im Zentrum Europas getan. Das Protokoll hat folgenden Wortlaut:

**PROTOKOLL**

Die Regierung der Deutschen Demokratischen Republik und die Regierung der Bundesrepublik Deutschland sind auf der Grundlage von Artikel 8 des Vertrages über die Grundlagen der Beziehungen vom 21. Dezember 1972 wie folgt übereingekommen:

1. Die Ständigen Vertretungen werden mit Inkrafttreten dieses Protokolls eröffnet.

2. Die Vertretungen führen die amtliche Bezeichnung „Ständige Vertretung der Deutschen Demokratischen Republik" beziehungsweise „Ständige Vertretung der Bundesrepublik Deutschland". Die Leiter führen die Amtsbezeichnung „Der Leiter der Ständigen Vertretung der Deutschen Demokratischen Republik" beziehungsweise „Der Leiter der Ständigen Vertretung der Bundesrepublik Deutschland". [...]

5. Die Ständigen Vertretungen haben unter anderem die Aufgabe, die Interessen des Entsendestaates im Gastland zu vertreten, einschließlich Hilfe und Beistand für Personen, sowie normale gutnachbarliche Beziehungen zwischen der Deutschen Demokratischen Republik und der Bundesrepublik Deutschland auf politischem, wirtschaftlichem und kulturellem Gebiet wie auch auf anderen Gebieten zu fördern und auszubauen. [...]

8. Dieses Protokoll tritt zu einem gegenseitig zu vereinbarenden Zeitpunkt in Kraft.

*Bonn, den 14. März 1974*
*14. März 1974*

**PROTOKOLLVERMERKE**

[...]

6. Die Ständige Vertretung der Bundesrepublik Deutschland in der Deutschen Demokratischen Republik wird in Übereinstimmung mit dem Vierseitigen Abkommen vom 3. September 1971 die Interessen von Berlin (West) vertreten. Vereinbarungen zwischen der Regierung der Deutschen Demokratischen Republik und dem Senat bleiben hiervon unberührt.

*Bonn, den 14. März 1974*

*Aus den Erklärungen der Bevollmächtigten*

Die Regierung der DDR messe dem eben unterzeichneten Protokoll große Bedeutung bei, erklärte der stellvertretende DDR-Außenminister Kurt Nier im Anschluß an die Unterzeichnung, als sich die Bevollmächtigten den Fragen der Pressevertreter stellten. Das Protokoll entspreche der konstruktiven, auf Frieden, Sicherheit, Entspannung und Zusammenarbeit gerichteten Politik der DDR. „Auf der Grundlage der kürzlich unterbreiteten Vorschläge konnte durch die Unterzeichnung des Protokolls heute ein guter Schritt bei der Durchführung des Grundlagenvertrages getan werden", sagte Kurt Nier. Er beweise, daß bei beiderseitigem gutem Willen Resultate erzielt werden können, die für alle Beteiligten von großer Bedeutung sind. „Es geht uns um die Normalisierung der Beziehungen, um die Entwicklung der Beziehungen zwischen der DDR und der BRD auf der Grundlage der Prinzipien friedlicher Koexistenz, wie sie zwischen Staaten unterschiedlicher Gesellschaftsordnung möglich und wünschenswert sind. Das dient ohne Zweifel auch dem Prozeß der Entspannung in Europa."

Staatssekretär Günter Gaus begrüßte namens der BRD-Seite ebenfalls die Unterzeichnung des Protokolls. Es sei gewiß für beide Seiten von Nutzen, wenn die Vertretungen ihre Arbeit aufnehmen. Ihre wichtigste Aufgabe sehe er darin, einen Zustand der Entspannung in den Beziehungen zwischen der DDR und der BRD herbeiführen zu helfen und damit sicherlich auch zur Entspannung in Europa insgesamt beizutragen.

Außenpolitische Korrespondenz (Hauptabteilung Presse des Ministeriums für Auswärtige Angelegenheiten der DDR) Nr. 12 vom 21. März 1974, S. 86–87.

## M14 Tischrede des Generalsekretärs des ZK der Kommunistischen Partei der Sowjetunion Leonid Breschnew bei einem zu Ehren des deutschen Bundeskanzlers Helmut Schmidt (SPD) in Moskau gegebenen Essen, Oktober 1974

Gestatten Sie mir, vor allem unsere hohen Gäste zu begrüßen – den Herrn Bundeskanzler der Bundesrepublik Deutschland und Frau Schmidt. Wir begrüßen ferner den Vizekanzler und Minister des Auswärtigen und Frau Genscher und weitere offizielle Repräsentanten der Bundesrepublik Deutschland. Es ist sehr gut, daß Sie sich in Moskau befinden und daß wir jetzt die Möglichkeit haben, die in Bonn im vergangenen Jahr angeknüpfte Bekanntschaft fortzusetzen und zu vertiefen. In den letzten Jahren sind die Begegnungen und Verhandlungen der führenden Persönlichkeiten der Sowjetunion und der Bundesrepublik Deutschland bereits zu einer guten Tradition geworden. Sie bereicherten stets die Beziehungen zwischen unseren Ländern und machten es möglich, immer neue Positionen in der Entwicklung und Vertiefung der gegenseitig vorteilhaften Zusammenarbeit zu beziehen. Man hat in der Sowjetunion die Entschlossenheit der jetzigen Bundesregierung gebührend gewürdigt, in den Beziehungen zwischen unseren Staaten den politischen Kurs kontinuierlich zu verfolgen, der sich während der Tätigkeit der Regierung Brandt-Scheel herausgebildet und seine Widerspiegelung im Moskauer Vertrag gefunden hat. Dieses Dokument kann man mit Recht als ein historisches Dokument bezeichnen. Es schuf die Basis für eine grundlegende Gesundung der Beziehungen zwischen unseren Ländern sowie zwischen der Bundesrepublik Deutschland und den Staaten der sozialistischen Gemeinschaft. Es setzte viele positive Prozesse in Europa und über seine Grenzen hinaus in Gang. Die Entwicklung der allseitigen Zusammenarbeit mit der Bundesrepublik Deutschland ist eine prinzipielle und langfristige Linie in unserer Politik. Sie entspringt organisch den Beschlüssen des XXIV. Parteitags der KPdSU und dem von ihm verabschiedeten Friedensprogramm. Wir waren immer davon überzeugt, daß eine Wende in den sowjetisch-westdeutschen Beziehungen möglich ist und daß die Vernunft und der Wille der Menschen sowie die Entwicklung der politischen Situation die Hindernisse brechen würden, die ihre Verwirklichung störten. Nunmehr ist diese Wende eine vollzogene Tatsache. Unsere neuen Beziehungen sind auf ein solides und festes Fundament gestellt worden. Man kann natürlich über die Bedeutung der geleisteten Arbeit nur sprechen und sich an ihren Ergebnissen erfreuen. Das kann uns aber wenig nützen. Die Aufgabe besteht, wie es scheint, darin, das Erreichte auszubauen und zu vertiefen, indem wir es mit dem festen Band der gegenseitig vorteilhaften Verbindungen auf den verschiedensten Gebieten umspannen. [...] Wir wissen, welches Interesse Sie, Herr Bundeskanzler, für die wirtschaftliche Zusammenarbeit mit der Sowjetunion zeigen. Das ist wirklich ein außerordentlich wichtiges Gebiet der Beziehungen zwischen unseren Ländern, und da ist bereits vieles geleistet worden. Im laufenden Jahr wird unser Warenaustausch ganz dicht an die Zwei-Milliarden-Rubel-Grenze kommen. Dies ist beinahe das Dreifache vom Jahre 1971. In dieser Beziehung jedoch befinden sich unsere Länder wohl erst am Anfang des Weges. Mir scheint, daß der Schlüssel zur intensiven Entwicklung unserer wirtschaftlichen Beziehungen in der Verwirklichung von Projekten im größeren Maßstab, in der Anbahnung der industriellen Kooperation und der Zusammenarbeit bei der Erschließung der Naturschätze sowie anderen neuen Formen des wirtschaftlichen Austausches liegt. [...] Es besteht bekanntlich eine Verbindung zwischen Wirtschaft und Politik. Je umfangreicher und gedeihlicher die wirtschaftliche Zusammenarbeit wird, um so größer wird das gegenseitige Vertrauen, um so fester und vielseitiger werden die politischen Kontakte, um so leichter wird es dann fallen, eine gemeinsame Sprache auch in den internationalen Fragen zu finden. [...]

Sowjetunion heute (Sowjetische Botschaft in Bonn). Beilage zu Heft 22 vom 16. November 1974. Abdruck in: Europa-Archiv. Folge 24 / 1974, S. D 591–D 594.

### M15 Der Generalsekretär des ZK der SED und Vorsitzende des Staatsrats der DDR Erich Honecker zu Staatsbürgerschaft, Reisefreiheit und Berlin-Frage, Auszüge aus einem Interview mit der „Saarbrücker Zeitung“ vom 19./20. und 21. Februar 1977

**Frage:** Sie haben vor einiger Zeit erklärt, eine Senkung der Altersgrenze für die Reiseerlaubnis von Bürgern der Deutschen Demokratischen Republik in die Bundesrepublik Deutschland hänge auch von der Devisenlage Ihres Staates ab. Könnten Sie dies näher erläutern und darüber hinaus sagen, unter welchen Voraussetzungen die Deutsche Demokratische Republik bereit wäre, ihren Bürgern generell Reisefreiheit in die Bundesrepublik sowie ins westliche Ausland zu gewähren?

**Antwort:** [...] Solange die Bundesrepublik Deutschland die Staatsbürgerschaft der DDR nicht anerkennt, kann von einer „generellen Reisefreiheit“ ins westliche Ausland überhaupt nicht die Rede sein. Sie sagen, die BRD-Regierung sei an das Urteil von Karlsruhe gebunden. Da kann ich nur antworten: Die Deutsche Demokratische Republik nicht. Die Deutsche Demokratische Republik hält sich an das Völkerrecht, und wenn ich richtig informiert bin, geht Völkerrecht vor Landesrecht. Für uns gelten Geist und Buchstaben der Verträge und sonst nichts. Den Text aller Ost-West-Verträge kann man in unseren Buchhandlungen für 3,80 Mark kaufen. Dies und die Tatsache, daß Reisen von Bürgern der Deutschen Demokratischen Republik nach dem westlichen Ausland auch von der Devisenlage unseres Landes abhängen, steht miteinander in engem Zusammenhang. [...] wir werden bei der Fortsetzung der Kampagne gegen die DDR zu überlegen haben, ob es für uns weiter zumutbar ist, Propagandisten des Hasses und der Feindschaft in die DDR einreisen zu lassen. [...]

**Frage:** In einem Neujahrsartikel, der in den Zeitungen der Deutschen Demokratischen Republik veröffentlicht wurde, haben Sie festgestellt: „Die Zunahme der Provokationen von der Bundesrepublik aus gegen die Staatsgrenze der Deutschen Demokratischen Republik, gegen die in Helsinki bekräftigten Grundsätze der Achtung der Souveränität, der Nichteinmischung in die inneren Angelegenheiten war gerade während des zurückliegenden Jahres unverkennbar.“ Dadurch werde die Entwicklung der Beziehungen zwischen der Deutschen Demokratischen Republik und Bonn zwangsläufig belastet. Können

Sie die Provokationen gegen die Staatsgrenze der Deutschen Demokratischen Republik näher erläutern, und welche weiteren Probleme belasten Ihrer Ansicht nach derzeit die zweiseitigen Beziehungen?

**Antwort:** Die Tatsachen sprechen für sich. Allein 1976 wurden von der BRD aus mehr als tausend Provokationen und Anschläge gegen die Staatsgrenze der Deutschen Demokratischen Republik, gegen unsere Grenztruppen unternommen. In einer Vielzahl von Fällen wurden die Grenzsicherungsanlagen unseres Staates beschädigt. Solche Provokationen werden ermuntert und gerechtfertigt durch die revanchistische These, die Staatsgrenze der DDR wäre gar keine Grenze eines souveränen Staates. [...] Im Grundlagenvertrag zwischen beiden deutschen Staaten wie in der Schlußakte von Helsinki ist unmißverständlich festgelegt, daß die Unverletzlichkeit der Grenzen und die Achtung der territorialen Integrität und der Souveränität eine Grundbedingung für den Frieden sind. Es stellt sich die Frage, ob die verantwortlichen Politiker der Bundesrepublik gewillt sind, diesen von ihnen unterschriebenen Grundsatz einzuhalten. Der jetzige Fraktionsvorsitzende der CDU/CSU im Bonner Bundestag, Kohl, möge sich hinter die Ohren schreiben, daß er mit seiner Auffassung, alle Deutschen unterstünden dem Grundgesetz der Bundesrepublik, sich nicht nur in unsere inneren Angelegenheiten einmischt, sondern dabei ist, alles zu zerstören, was bisher bei der Normalisierung der Beziehungen zwischen beiden deutschen Staaten erreicht wurde. Wir sind der Meinung: Die zweiseitigen Beziehungen der Deutschen Demokratischen Republik und der Bundesrepublik Deutschland müssen von allem freigemacht und freigehalten werden, was ihre positive Gestaltung nach den in Helsinki vereinbarten Prinzipien der friedlichen Koexistenz erschwert oder gar gefährdet. Darin sehen wir das wichtigste Problem, das es im Interesse eines dauerhaften Friedens, der Sicherheit und der Zusammenarbeit in Europa zu lösen gilt. [...]

**Frage:** Nun Fragen zu Berlin: Die Deutsche Demokratische Republik wirft der Bundesregierung vor, diese wolle Berlin (West) vertragswidrig in die Bundesrepublik einbeziehen. Wo sehen Sie derartige vertragswidrige Versuche?

**Antwort:** Die Deutsche Demokratische Republik gehört ebenso wie die Bundesrepublik Deutschland nicht zu den Unterzeichnern des vierseitigen Abkommens über West-Berlin. Ungeachtet dessen ist sie bestrebt, den wohltuenden Einfluß dieses Abkommens auf die Entwicklung der Lage in Europa zu unterstützen und zu fördern. Die Versuche, Berlin (West) vertragswidrig in die Bundesrepublik einzubeziehen, kommen in dem Bestreben der BRD zum Ausdruck, Berlin (West) sozusagen auf kaltem Wege als Land der Bundesrepublik zu behandeln. Das vierseitige Abkommen über West-Berlin vom 3. September 1971 wurde geschlossen, um Ruhe und Sicherheit in diesem Gebiet zu gewährleisten. [...]

**Frage:** Auch offizielle Stellen in der Bundesrepublik Deutschland behaupten, daß die Deutsche Demokratische Republik jetzt wieder zwei Schritte zur Aushöhlung des Viermächte-Status von ganz Berlin unternommen habe. Der erste sei der Visa-Zwang für Ausländer und Staatenlose bei Tagesbesuchen nach Berlin (Ost), der zweite die Aufhebung der Kontrollstellen, die bisher Berlin (Ost) gegenüber der übrigen Deutschen Demokratischen Republik als besonderes Gebiet kenntlich machten. Wie sehen Sie diese Entscheidungen?

**Antwort:** Von Aushöhlung eines Viermächte Status von ganz Berlin kann keine Rede sein, da es einen solchen Status nicht gibt. Das ist zumindest der Fall seit dem Umzug ins Rathaus Schöneberg, der dortigen Etablierung des Westberliner Abgeordnetenhauses, der Einführung einer separaten Währung im Jahre 1948 und vieles andere mehr. Unsere Grenzsicherungsmaßnahmen vom 13. August 1961 sollten das ein für allemal klargestellt haben. Berlin ist die Hauptstadt der Deutschen Demokratischen Republik. Sie ist ein integraler Bestandteil unseres Staates und hat keinen anderen rechtlichen Status als jedes beliebige andere Territorium der DDR. Das vierseitige Abkommen hat damit gar nichts zu tun, es regelt ausschließlich Westberlin betreffende Angelegenheiten. Die von seiten der Deutschen Demokratischen Republik getroffenen Maßnahmen sind unsere innere Angelegenheit. Sie tragen den Erfordernissen des gewachsenen Reise- und Besucherverkehrs in der Hauptstadt der DDR Rechnung. Daß alle Ausländer gleichermaßen für die Einreise in die DDR ein Visum brauchen, ist ganz normal. Hier wurde nur ein Versäumnis aus der Vergangenheit korrigiert. Es gibt also jetzt eine einheitliche, ordnungsgemäße Grundlage für den Reiseverkehr in die gesamte Deutsche Demokratische Republik, die den völkerrechtlichen Normen entspricht. […].

Saarbrücker Zeitung Nr. 42 vom 19./20. Februar 1977 und Nr. 43 vom 21. Februar 1977. Abdruck in: Europa-Archiv. Folge 20 / 1978, S. D 549–D 552.

## M16 Entwicklung des innerdeutschen Handels 1950–1989[1]

| Lieferungen und Bezüge der Bundesrepublik Deutschland[2] | | | | |
|---|---|---|---|---|
| Jahr | Lieferungen | Bezüge | Umsatz | Veränderung der Umsätze in % zum Vorjahr |
| | in Millionen VE (≙ DM West) | | | |
| 1950 | 329 | 342 | 671 | – |
| 1955 | 563 | 588 | 1151 | – |
| 1960 | 960 | 1122 | 2082 | – |
| 1965 | 1206 | 1260 | 2466 | – |
| 1970 | 2416 | 1996 | 4412 | + 12,3 |
| 1975 | 3922 | 3342 | 7264 | + 4,9 |
| 1980 | 5293 | 5580 | 10873 | + 16,8 |
| 1985 | 7901 | 7636 | 15537 | + 9,8 |
| 1986 | 7454 | 6844 | 14298 | – 8,0 |
| 1987 | 7367 | 6647 | 14014 | – 2,0 |
| 1988 | 7234 | 6789 | 14023 | + 0,1 |
| 1989 | 8101 | 7205 | 15306 | + 9,1 |

1 Lieferungen und Bezüge der Bundesrepublik Deutschland (einschließlich Berlin-West) in die und aus der DDR (einschließlich Ost-Berlin).

2 Warenverkehr ohne Dienstleistungssätze;
ab 1955 erhalten die Angaben auch die Leistungstransfers aufgrund von Lohnveredlungsgeschäften;
ab 1956 wird ebenfalls der Warenverkehr auf ausländische Rechnung erfasst.

Deutsche Geschichte in Quellen und Darstellung, Bd. 11, Bundesrepublik und DDR 1969–1990, Stuttgart 1996, S. 267.

## M17 Innerdeutscher Reiseverkehr

| Jahr | Reisen aus der DDR in die BRD (in 1000) | | Reisen aus der BRD und Berlin (West) in die DDR und nach Ostberlin (in 1000) | |
|---|---|---|---|---|
| | Rentner | Personen unter dem Rentenalter | gesamt | davon Westberliner |
| 1957 | 2720 | –[1] | 2700 | –[2] |
| 1962 | 27 | – | ca. 2000[3] | –[2] |
| 1967 | 1072 | – | 1424 | 60[4] |
| 1972 | 1079 | 11 | 6260 | 3320 |
| 1973 | 1298 | 41 | 7499 | 3820 |
| 1974 | 1354 | 38 | 5879 | 2560 |
| 1975 | 1370 | 40 | 7734 | 3210 |
| 1976 | 1371 | 43 | 7921 | 3400 |
| 1977 | 1364 | 41 | 7788 | 3400 |
| 1978 | 1433 | 49 | 7837 | 3260 |
| 1979 | 1410 | 41 | 7423 | 3100 |
| 1980 | 1594 | 40 | 6746 | 2600 |
| 1981 | 1601 | 37 | 5020 | 1800 |
| 1982 | 1600 | 46 | 5068 | 1730 |
| 1983 | 1527 | 64 | 5059 | 1720 |
| 1984 | 1607 | 61 | 5219 | 1600 |
| 1985 | 1666 | 66 | 5620 | ca. 1900[6] |
| 1986 | 1760 | 573[5] | 5700[6] | ca. 1900[6] |
| 1987 | 3800[7] | 1290[5] | 5500[6] | ca. 1900[6] |
| 1988 | 67508[8] | – | 5552[9] | 1972[9] |

1 Keine Angaben zu Personen unter dem Rentenalter.
2 Westberlinern war es seit 1952 praktisch unmöglich, in die DDR zu reisen; mit Wirkung vom 23.8.1961 wurden ihnen auch Besuche im Ostteil der Stadt untersagt.
3 Keine differenzierten Angaben; zwischen 1961 und 1966 waren es jährlich etwa 2 Millionen Reisende.
4 Reisen von Westberlinern nach Berlin (Ost) mit Genehmigung der Passierscheinstelle für dringende Familienangelegenheiten ab Oktober 1966.
5 Laut amtlichen Angaben der DDR; vgl. DDR-Almanach 1990, S. 49f. (Fußnoten 6 und 9).
6 Vgl. *Deutschland Archiv*, Jg.1989, Nr. 11, S. 1248.
7 Vgl. DDR-Almanach 1990, S. 49.
8 Einschließlich Reisen in dringenden Familienangelegenheiten von Personen unter dem Rentenalter; vgl. DDR-Almanach 1990, S. 49ff.
9 *Neues Deutschland*, 4. Januar 1989.

Ebenda, S. 259.

## 7.2 Die KSZE als Wegbereiter der Opposition in der DDR?

**M1 Grundsatzerklärung des Vertreters der Bundesrepublik Deutschland Walter Scheel (FDP) bei den multilateralen Konsultationen für die Konferenz über Sicherheit und Zusammenarbeit in Europa in Helsinki am 29. November 1972**

Die Sicherung des Friedens und der Abbau von Spannungen in Europa sind stets Hauptziele der Außenpolitik der Regierung der Bundesrepublik Deutschland gewesen. Die Bundesregierung ist entschlossen, an der Schaffung einer europäischen Friedensordnung mitzuwirken.

Mit dem Abschluß und der Ratifizierung der Verträge mit der Sowjetunion und Polen hat die Bundesrepublik Deutschland unter Beweis gestellt, daß es ihr mit dieser Zielsetzung ernst ist. Sie hat damit zugleich einen Beitrag zu weiteren Fortschritten bei Entspannungsbemühungen auf anderen Gebieten geleistet, namentlich zum Viermächte-Abkommen über Berlin vom 3. September 1971. Dieses Abkommen hat sie durch Vereinbarungen mit der Deutschen Demokratischen Republik in konstruktiver Weise ergänzt. Im Rahmen des Verkehrsvertrages mit der Deutschen Demokratischen Republik, der am 17. Oktober 1972 in Kraft getreten ist, wurden wichtige Verbesserungen für die Deutschen in beiden Staaten Wirklichkeit. Andere, bedeutende Fortschritte für die Begegnung zwischen den Menschen und für die Verbesserung der Beziehungen zwischen den beiden Staaten in Deutschland werden sich durch das Inkrafttreten des am 8. November 1972 paraphierten „Vertrages über die Grundlagen der Beziehungen zwischen der Bundesrepublik Deutschland und der Deutschen Demokratischen Republik“ ergeben. Dieser Vertrag wird die Beziehungen zwischen den beiden Staaten klären und zugleich der besonderen Lage in Deutschland Rechnung tragen.

Die Bundesregierung begrüßt den Gedanken einer Konferenz über Sicherheit und Zusammenarbeit in Europa. Sie ist der Auffassung, daß eine KSZE eine wichtige Etappe auf dem Wege zu mehr Sicherheit und Zusammenarbeit in Europa werden kann. In diesem hohen Anspruch an die Konferenz weiß sich die Bundesregierung mit den hier vertretenen Staaten einig. Nur wenn die Arbeiten während der Vorbereitungsphase gründlich und umfassend sind, werden wir der Bedeutung der Konferenz gerecht und tragen so zur Sicherung ihres Erfolges bei. [...] Die Konferenz muß zu praktischen, greifbaren Ergebnissen führen. Sie wird eine Antwort auf die grundlegende Frage geben müssen, wie sich eine breit angelegte praktische Zusammenarbeit zwischen Staaten mit unterschiedlicher Gesellschaftsordnung verwirklichen läßt. [...] Zwischen politischer und militärischer Sicherheit besteht eine enge Wechselbeziehung. Eine Konferenz über Sicherheit und Zusammenarbeit, die diesen Namen verdienen soll, wird sich daher bemühen müssen, die Gefahren der militärischen Konfrontation in Europa zu vermindern. Die Bundesregierung tritt deshalb für die Behandlung bestimmter militärischer Aspekte der Sicherheit auf einer KSZE ein. [...] Eine verbesserte wirtschaftliche Kooperation zwischen Ost und West könnte ein wichtiger Faktor beim Abbau politischer Spannungen und bei der Förderung internationaler Stabilität sein. Die Unterschiede in den wirtschaftlichen, institutionellen und rechtlichen Systemen von Ost und West bringen schwierige Probleme mit sich; doch müssen sie keine unüberwindbaren Hindernisse für die weitere Entwicklung und Kooperation sein. Fortschritte lassen sich gewiß auf der Grundlage gegenseitigen Vorteils und unter der Voraussetzung erreichen, daß alle Beteiligten bereit sind, von den Realitäten auszugehen. Die Intensivierung der menschlichen Kontakte, der Ausbau der kulturellen Beziehungen und die Verbesserung des Informationsflusses werden eine wichtige Aufgabe der Konferenz sein. Wenn es zu einer fruchtbaren Zusammenarbeit in Europa kommen soll, muß die Kommunikation gestärkt und verbessert werden. Schrittweise Erleichterungen in diesem Bereich sind nötig, wenn die Entspannung in Europa dauerhaft sein soll. Die menschliche Begegnung über die eigenen Staatsgrenzen hinweg ist unerläßlich, um Vorurteile und damit Spannungsursachen abzubauen. [...]

Europa-Archiv. Folge 13/1973, S. 347 f.

## M2 KSZE-Schlussakte von Helsinki vom 1. August 1975

KONFERENZ ÜBER SICHERHEIT UND ZUSAMMENARBEIT IN EUROPA SCHLUSSAKTE

Die Konferenz über Sicherheit und Zusammenarbeit in Europa, die am 3. Juli 1973 in Helsinki eröffnet und vom 18. September 1973 bis zum 21. Juli 1975 in Genf fortgesetzt wurde, fand ihren Abschluß in Helsinki am 1. August 1975 durch die Hohen Vertreter Belgiens, Bulgariens, Dänemarks, der Deutschen Demokratischen Republik, der Bundesrepublik Deutschland, Finnlands, Frankreichs, Griechenlands, des Heiligen Stuhls, Irlands, Islands, Italiens, Jugoslawiens, Kanadas, Liechtensteins, Luxemburgs, Maltas, Monacos, der Niederlande, Norwegens, Österreichs, Polens, Portugals, Rumäniens, San Marinos, Schwedens, der Schweiz, Spaniens, der Tschechoslowakei, der Türkei, Ungarns, der Union der Sozialistischen Sowjetrepubliken, des Vereinigten Königreichs, der Vereinigten Staaten von Amerika, Zyperns. [...]

Von dem politischen Willen getragen, im Interesse der Völker ihre Beziehungen zu verbessern und zu verstärken, in Europa zum Frieden, zur Sicherheit, zur Gerechtigkeit und zur Zusammenarbeit sowie zur Annäherung zwischen ihnen und zu den anderen Staaten der Welt beizutragen. Demzufolge [...] haben die Hohen Vertreter der Teilnehmerstaaten feierlich folgendes angenommen: [...]

**I. Souveräne Gleichheit, Achtung der der Souveränität innewohnenden Rechte [...]**

**II. Enthaltung von der Androhung oder Anwendung von Gewalt [...]**

**III. Unverletzlichkeit der Grenzen [...]**

**IV. Territoriale Integrität der Staaten [...]**

**V. Friedliche Regelung von Streitfällen [...]**

**VI. Nichteinmischung in innere Angelegenheiten [...]**

**VII. Achtung der Menschenrechte und Grundfreiheiten, einschließlich der Gedanken-, Gewissens-, Religions- oder Überzeugungsfreiheit**

Die Teilnehmerstaaten werden die Menschenrechte und Grundfreiheiten, einschließlich der Gedanken-, Gewissens-, Religions- oder Überzeugungsfreiheit für alle ohne Unterschied der Rasse, des Geschlechts, der Sprache oder der Religion achten. Sie werden die wirksame Ausübung der zivilen, politischen, wirtschaftlichen, sozialen, kulturellen sowie der anderen Rechte und Freiheiten, die sich alle aus der dem Menschen innewohnenden Würde ergeben und für seine freie und volle Entfaltung wesentlich sind, fördern und ermutigen. In diesem Rahmen werden die Teilnehmerstaaten die Freiheit des Individuums anerkennen und achten, sich allein oder in Gemeinschaft mit anderen zu einer Religion oder einer Überzeugung in Übereinstimmung mit dem, was sein Gewissen ihm gebietet, zu bekennen und sie auszuüben. [...] Die Teilnehmerstaaten anerkennen die universelle Bedeutung der Menschenrechte und Grundfreiheiten, deren Achtung ein wesentlicher Faktor für den Frieden, die Gerechtigkeit und das Wohlergehen ist, die ihrerseits erforderlich sind, um die Entwicklung freundschaftlicher Beziehungen und der Zusammenarbeit zwischen ihnen sowie zwischen allen Staaten zu gewährleisten. Sie werden diese Rechte und Freiheiten in ihren gegenseitigen Beziehungen stets achten und sich einzeln und gemeinsam, auch in Zusammenarbeit mit den Vereinten Nationen, bemühen, die universelle und wirksame Achtung dieser Rechte und Freiheiten zu fördern. Sie bestätigen das Recht des Individuums, seine Rechte und Pflichten auf diesem Gebiet zu kennen und auszuüben. Auf dem Gebiet der Menschenrechte und Grundfreiheiten werden die Teilnehmerstaaten in Übereinstimmung mit den Zielen und Grundsätzen der Charta der Vereinten Nationen und mit der Allgemeinen Erklärung der Menschenrechte handeln. Sie werden ferner ihre Verpflichtungen erfüllen, wie diese festgelegt sind in den internationalen Erklärungen und Abkommen auf diesem Gebiet, soweit sie an sie gebunden sind, darunter auch in den Internationalen Konventionen über die Menschenrechte.

**VIII. Gleichberechtigung und Selbstbestimmungsrecht der Völker [...]**

**IX. Zusammenarbeit zwischen den Staaten [...]**

**X. Erfüllung völkerrechtlicher Verpflichtungen nach Treu und Glauben [...]**

Auswärtiges Amt (Hrsg.): Von der KSZE zur OSZE. Grundlagen, Dokumente und Texte zum deutschen Beitrag 1993 bis 1997. Bonn 1998, S. 24–102.

## M3 Erklärungen während der Schlussphase der Konferenz über Sicherheit und Zusammenarbeit in Europa (KSZE) in Helsinki vom 30. Juli bis 1. August 1975

*a) Erklärung des Ersten Sekretärs des Zentralkomitees der Sozialistischen Einheitspartei Deutschlands Erich Honecker vom 30. Juli 1975*

[...] Die gesamteuropäische Staatenkonferenz ist in der wechselvollen Geschichte des europäischen Kontinents ohne Beispiel. Ihr Abschluß ist ein Erfolg der Sache des Friedens, ein Sieg des politischen Realismus und der Vernunft. Erneut erweist sich: Zur Politik der friedlichen Koexistenz gibt es keine Alternative. Das in Helsinki versammelte Staatenforum bekräftigt die Wende vom Kalten Krieg zur Entspannung in Europa. Zum erstenmal wird auf unserem Kontinent entsprechend dem Völkerrecht mit den Dokumenten dieser Konferenz gleichsam ein Kodex der Anwendung der Prinzipien der friedlichen Koexistenz zwischen Staaten unterschiedlicher Gesellschaftsordnungen von allen Teilnehmerstaaten vereinbart und durch die Unterschrift ihrer höchsten Repräsentanten feierlich besiegelt. Nunmehr sind jene wesentlichen Probleme gelöst, die in der Nachkriegsperiode die Beziehungen zwischen den Staaten belastet haben. [...] Die Fortschritte sind unverkennbar und zum Nutzen aller. Als untrennbarer Bestandteil der sozialistischen Gemeinschaft hat die Deutsche Demokratische Republik das europäische Vertragswerk mitgestaltet und damit zum erfolgreichen Verlauf der Sicherheitskonferenz beigetragen. Dabei hat die Deutsche Demokratische Republik in jeder Phase dieses nicht ohne Widersprüche verlaufenden Prozesses unter Beweis gestellt, daß ihr Handeln vom Interesse an Frieden und Entspannung geprägt ist und daß sie als stabilisierender Faktor für den Frieden in Europa wirkt. Mit Genugtuung können wir feststellen, daß der Inhalt der Dokumente der Konferenz mit den grundlegenden Interessen und außenpolitischen Zielen der Deutschen Demokratischen Republik übereinstimmt. Frieden und Sicherheit entsprechen zutiefst dem Wesen der sozialistischen Gesellschaftsordnung. [...] Die Anerkennung des Prinzips der Unverletzlichkeit der Grenzen bleibt der Prüfstein dafür, ob eine Politik wirklich dem Frieden und somit den Interessen der Menschen dient. In der uneingeschränkten Anwendung dieser Prinzipien der Sicherheit sehen wir die Grundvoraussetzung für die Entwicklung einer gleichberechtigten, gegenseitig vorteilhaften Zusammenarbeit. Sicherheit ist die stabile Grundlage für die Zusammenarbeit. Die Deutsche Demokratische Republik ist bereit, mit allen Staaten auf ökonomischem, wissenschaftlich-technischem Gebiet, in den Bereichen der Bildung, der Kultur und des Sportes friedlich zusammenzuarbeiten. Mit Sorge sehen wir, daß die militärische Entspannung hinter der fortschreitenden politischen Entspannung zurückbleibt. Die Fortsetzung des Wettrüstens könnte die so schwer errungenen Ergebnisse der politischen Entspannung gefährden. Die Deutsche Demokratische Republik ist der Auffassung, daß auch auf dem Gebiet der Abrüstung und der Rüstungsbegrenzung entschlossene und effektive Maßnahmen vereinbart werden müssen, die den Interessen aller entsprechen und keinem der Beteiligten einseitige Vorteile verschaffen dürfen. [...]

*b) Erklärung des Bundeskanzlers der Bundesrepublik Deutschland Helmut Schmidt vom 30. Juli 1975*

Aus der Sicht der Bundesrepublik Deutschland wird die Politik des Friedens mit der Unterzeichnung der Konferenzdokumente ein wesentliches Stück vorankommen. Die Staaten Europas und Nordamerikas haben in der

Erkenntnis gemeinsamer Verantwortung versucht, „Brücken der Zusammenarbeit zwischen den Systemen über das Trennende hinweg“ zu schlagen – mit eben diesen Worten hatte im Juli 1973 hier in Helsinki der damalige Außenminister und heutige Präsident der Bundesrepublik Deutschland, Walter Scheel, den Auftrag dieser Konferenz umrissen. Mein Land hat diese Bemühungen von Anfang an nachdrücklich unterstützt. Die Sicherung des Friedens und der Abbau der Spannungen sind fundamentale Ziele der Regierung der Bundesrepublik Deutschland; denn kein Volk in Europa spürt stärker als das deutsche die von der Spaltung unseres Kontinents ausgehenden Gefahren.

Die Beilegung der Kuba-Krise war der erste Schritt fort von der militanten Konfrontation. Mit dem Atomteststopp-Vertrag begannen dann die Vereinigten Staaten von Amerika und die UdSSR den langen, mühsamen Weg der Entspannung, der uns hier in Helsinki zusammengeführt hat, einen Weg, auf dem die Etappen Nichtverbreitungsvertrag (NPT) und die erste Vereinbarung über die Begrenzung strategischer Angriffswaffen (SALT) wichtige bisherige Ergebnisse sind. Die Bundesregierung hat seit Jahren aktiv zu diesem Prozeß der weltweiten Entspannung und der Sicherung des Friedens beigetragen. Ich erwähne besonders die unter der Verantwortung der Herren Willy Brandt und Walter Scheel zustande gebrachten Verträge, nämlich unseren Vertrag mit der Union der Sozialistischen Sowjetrepubliken vom 12. August 1970, unseren Vertrag mit der Volksrepublik Polen über die Grundlagen der Normalisierung der gegenseitigen Beziehungen vom 7. Dezember 1970, unseren Vertrag über die Grundlagen der Beziehungen zwischen der Bundesrepublik Deutschland und der Deutschen Demokratischen Republik vom 21. Dezember 1972 sowie den Vertrag über die gegenseitigen Beziehungen zwischen der Bundesrepublik Deutschland und der Tschechoslowakischen Sozialistischen Republik vom 11. Dezember 1973. Schließlich haben die Vier Mächte durch ihr Abkommen vom 3. September 1971 Berlin in den Prozeß der Entspannung einbezogen. Der Deutsche Bundestag und die Bürger meines Landes betrachten die Ergebnisse dieser Konferenz mit Anerkennung, gleichwohl aber auch ganz nüchtern. Auf Jahrzehnte der Konfrontation folgt nicht über Nacht eine Epoche der Kooperation. Und für den Prozeß der Entspannung genügt auch nicht ein einmaliger Anstoß; er braucht unser aller ständiges Zutun, damit er kontinuierlich fortschreitet. Wir können aber feststellen, daß nach einer Reihe von Jahren der Entspannungspolitik die Staaten nun einander nähergekommen sind. Gewiß kann unter 35 Staaten Übereinstimmung oft nur auf einem relativ kleinen gemeinsamen Nenner erzielt werden. Zwischen Ost und West bleiben fundamentale Unterschiede in den ideologischen, politischen und wirtschaftlichen Systemen. Aber zum ersten Mal sind hier in den Dokumenten dieser Konferenz wichtige Formeln des Friedens durch Entspannung und durch Zusammenarbeit von den Staaten in Ost und West als gemeinsame politische Absicht niedergeschrieben worden. Und damit sind Maßstäbe gesetzt worden. [...] Diese Konferenz könnte dann bald vergessen sein, wenn wir nicht alle hart dafür arbeiten, daß die Hoffnungen auch tatsächlich erfüllt werden. Wir haben im gesamteuropäischen Zusammenhang allgemeine Grundsätze des Verhaltens von Staaten untereinander bekräftigt. Die Bundesrepublik Deutschland hat von jeher den Verzicht auf die Androhung oder die Anwendung von Gewalt als Grundlage ihrer Politik betrachtet. Das gilt auch und gerade in bezug auf die Änderung von Grenzen. Grenzen sind unverletztlich; sie müssen aber friedlich und einvernehmlich verändert werden können. Unser Ziel bleibt es, auf einen Zustand des Friedens in Europa hinzuwirken, in dem das deutsche Volk in freier Selbstbestimmung seine Einheit wiedererlangt. [...] Die Menschen müssen einstweilen mit dem vorliebnehmen, was angesichts der Systemunterschiede und des noch bestehenden Mißtrauens heute möglich ist. Aber sie haben den dringenden Wunsch nach Abbau der noch bestehenden Beschränkungen. Sie erwarten fühlbare Fortschritte im Zusammenleben der Menschen in Ost und West, mehr Reisen über die trennenden Grenzen hinweg, bessere Arbeitsbedingungen für ausländische Journalisten, verstärkten Austausch von Jugendlichen und Sportlern. Vertrauen setzt Begegnung voraus. [...]

Europa-Archiv. Folge 20 / 1975, S. D 544–D 546, D 548 bis D 551.

### M4 Bericht des Zentralkomitees der Sozialistischen Einheitspartei Deutschlands an den IX. Parteitag der SED in Berlin (Ost) (18. bis 22. Mai 1976), erstattet durch den Ersten Sekretär des ZK der SED Erich Honecker am 18. Mai 1976

[...] Die Deutsche Demokratische Republik leistete ihren konstruktiven Beitrag zur Durchsetzung der Politik der friedlichen Koexistenz von Staaten unterschiedlicher Gesellschaftsordnung. Das Zentralkomitee hat dieser Aufgabe stets die erforderliche Beachtung gewidmet und beharrlich und zielbewußt an ihrer Lösung gearbeitet. Heute können wir feststellen: Das vom VIII. Parteitag angenommene Friedenskonzept wurde in allen seinen Punkten erfüllt. Unwiderruflich ist die imperialistische Blockade gegen unseren Staat zusammengebrochen. Die sozialistische Deutsche Demokratische Republik ist weltweit anerkannt. Gleichberechtigt arbeitet die DDR in der UNO und in anderen internationalen Organisationen mit und unterhält gegenwärtig zu 121 Staaten diplomatische Beziehungen. Das ist ein Erfolg des Weltsozialismus, ein Ergebnis auch der großen internationalen solidarischen Unterstützung, die unserem Staat der Arbeiter und Bauern zuteil wurde. [...] Nach der gesellschaftspolitischen Abgrenzung der DDR von der BRD wurde in der Berichtsperiode durch das bekannte Vertragssystem auch völkerrechtlich der Prozeß der Abgrenzung zwischen der DDR und der BRD vollzogen. Es versteht sich von selbst, daß nur bei Respektierung der weltweit anerkannten internationalen Position der DDR als unabhängiger souveräner deutscher Staat sei-

### M5 Helmut Schmidt und Erich Honecker in Helsinki am 30. Juli 1975

tens der BRD die Möglichkeiten zu gutnachbarlichen Beziehungen zur BRD entsprechend den Prinzipien der friedlichen Koexistenz zum Tragen kommen können. Leider muß ich sagen, daß durch das Erstarken der revanchistischen Kräfte in der BRD diese Möglichkeiten zur Zeit nicht voll genutzt werden können. Im Gegenteil. Wir übersehen nicht die andauernden und in jüngster Zeit verstärkten Versuche seitens revanchistischer Kräfte der BRD, sich mit Mitteln der ideologischen Diversion in die inneren Angelegenheiten der DDR einzumischen. Man muß feststellen: Das stört die Entspannung und stellt eine Verletzung der Schlußakte von Helsinki dar. Deshalb ist der entschiedene Kampf gegen jedwede Art von Revanchismus gegen die DDR nach wie vor ein Gebot der Stunde. Die Deutsche Demokratische Republik wird weiterhin alle Versuche reaktionärer und revanchistischer Kräfte in der BRD zurückweisen, die auf der ebenso überlebten wie aussichtslosen These eines „Offenhaltens der deutschen Frage" beharren. Da ist nichts mehr offen. Die Geschichte hat längst ihr Wort gesprochen. [...] In der Deutschen Demokratischen Republik entwickelt sich die sozialistische deutsche Nation. Ihre Wesenszüge werden von der Arbeiterklasse als der führenden Kraft der sozialistischen Gesellschaft geprägt. Die DDR ist als sozialistischer Nationalstaat ein untrennbarer Bestandteil der Gemeinschaft der sozialistischen Länder. Sie ist Mitglied der weltumspannenden Organisation der Vereinten Nationen. Daraus ergibt sich von selbst, daß die Politik der friedlichen Koexistenz die einzige Grundlage für die weitere Normalisierung der Beziehungen zur BRD wie zu allen anderen kapitalistischen Staaten ist. [...]

Neues Deutschland Nr. 119 vom 19. Mai 1976. Abdruck in: Europa-Archiv. Folge 20/1976, S. D 543–D 557.

### M6 Folgetreffen in Belgrad zur Konferenz über Sicherheit und Zusammenarbeit in Europa (Eröffnungsphase am 13. Oktober 1977)

Der Vertreter der Bundesrepublik Deutschland Fischer zum Themenbereich humanitäre Fragen:

1. Es ist die Bundesrepublik Deutschland, die sich in ihren bilateralen Verträgen mit der Sowjetunion, Polen und der CSSR zuerst von der Maxime leiten ließ, daß politische Fortschritte zwischen den verschiedenen Staaten Europas begleitet sein müssen von konkreten Fortschritten in Ost und West. Sehr viele Menschen leiden unter der Teilung Europas. [...]

2. Im humanitären Bereich hat es in den letzten Jahren zum Teil ermutigende Entwicklungen gegeben. Wir stellen dies besonders hinsichtlich der gestiegenen Zahl von Familienzusammenführungen im Verhältnis zu Polen und der Sowjetunion mit Genugtuung fest. Fortschritte hat es in letzter Zeit auch im Verhältnis zu Rumänien und der ČSSR gegeben. Entgegen gewissen Presseveröffentlichungen – bedauerlicherweise auch in jüngster Zeit – setzen wir uns für dieses Anliegen nicht unter dem Gesichtspunkt der Abwerbung von Arbeitskräften ein. Dieses sollten gerade diejenigen verstehen, die nicht müde werden, auf Beschäftigungsprobleme in anderen Ländern hinzuweisen. Der humanitäre Charakter unserer Bemühungen im Sinne vor allem einer Zusammenführung getrennt lebender Familien ist für uns allein ausschlaggebendes Motiv. Im übrigen wären Bemühungen aller Beteiligten um vernünftige Lösungen in diesem Bereich auch als ein Beitrag zur Verwirklichung eines elementaren Rechtes der Menschen auf freie Wohnsitzwahl zu werten. Dabei wollen wir nicht die zahlreichen Schwierigkeiten verschweigen, die es auch auf diesem Felde und insgesamt im humanitären Bereich – bei Ausreisen, Verwandtenbesuchen und Eheschließungen – weiterhin gibt. Wir werden in den entsprechenden Arbeitsorganen darauf zurückkommen.

3. Die ungelösten Fälle der Familienzusammenführung liegen uns insofern besonders am Herzen. So sehr wir uns freuen über die gestiegene Zahl von gelösten Fällen, so sind wir doch betroffen von der Erfolglosigkeit, mit der sich viele getrennte Familien um eine Zusammenführung bemühen. Ausreisewillige Familienmitglieder werden nicht selten beruflich benachteiligt und angefeindet. Auch

bei den übrigen humanitären Fragen sind es keine kleinen Probleme, die wir herausgreifen. Oder kann man es etwa unter humanitärem Gesichtspunkt unbedeutend nennen, wenn die Kosten für die Ausreisedokumente für einen Erwachsenen das Doppelte eines Monatseinkommens ausmachen? Ist es eine Kleinigkeit, wenn junge Leute zwei, ja sogar in einigen Fällen vier Jahre warten müssen, bis sie heiraten können, nur weil sie in verschiedenen Staaten leben? Können nicht wenigstens die hohen Zölle und Abgaben, die einige Staaten auch auf die Geschenksendungen von Verwandten an Verwandte erheben, erlassen werden?

4. Im Reiseverkehr stellen wir fest: Die Einreise in viele Länder ist erleichtert worden, allerdings nicht in allen Bereichen im wünschenswerten Ausmaß. Z. B. halten wir es für erforderlich, daß in einigen Ländern zumindest bei Reisen aus familiären Gründen die Sätze für den Zwangsumtausch von Devisen reduziert werden und die Pflicht zur Hotelreservierung aufgehoben wird. Auch wir haben die Einreise in die Bundesrepublik Deutschland noch weiter erleichtert, indem wir die Bearbeitungszeit bei Visa-Anträgen erheblich gekürzt haben. Demgegenüber haben sich die Möglichkeiten der Ausreise aus einigen Teilnehmerstaaten und die Einreisemöglichkeiten von einzelnen Bürgern in diese Staaten nicht verbessert. Dies wirkt sich vor allem auch bei Reisen aus persönlichen und beruflichen Gründen aus und erklärt zugleich, warum weit mehr westliche Touristen in östliche Länder fahren, als umgekehrt Touristen aus Osteuropa ein westeuropäisches Land besuchen. In vielen Fällen bildet die Schwierigkeit, die Ausreisedokumente zu erlangen – oder in einer vertretbaren Frist zu erlangen – und Devisen für die Ausreise kaufen zu können, ein nur schwer zu überwindendes Hindernis. In den meisten Fällen wird Familien die Möglichkeit verwehrt, gemeinsam auszureisen. [...]

Europa-Archiv. Folge 5/1978, S. D 168–D 170.

## 7.3 Vom Wettrüsten zur Abrüstung – Bemühungen zur Friedenspolitik in Ost und West

### M1 Aufruf der Prenzlauer Bausoldaten gegen die Militarisierung der Gesellschaft vom 2. März 1966

An alle Christen

In ernster Sorge wendet sich ein Bruderkreis Prenzlauer Bausoldaten an alle Christen. Mit Beunruhigung beobachten wir Wehrdienstverweigerer die wachsende Aufrüstung in unserem Land [...]. Neben der Nationalen Volksarmee und den Kampfgruppen fördert man die vormilitärische Ausbildung in der Gesellschaft für Sport und Technik, an den Universitäten und Schulen. Die Manöver „Oktobersturm" und der 10. Jahrestag der Nationalen Volksarmee waren erneut Höhepunkte der militärischen Propaganda. In aller Öffentlichkeit wird unsere Jugend zu Haß erzogen. „Der andere ist nicht unser Freund und Bruder, sondern unser Feind", heißt es zum Beispiel in einer propagandistischen Schrift der Armee. [...]

Wir bitten euch Frauen: Wenn ihr eine Ausbildung beim Roten Kreuz mitmacht, verweigert Schieß- und sonstige militärische Übungen. [...] Wir bitte euch Wehrpflichtige: Überlegt euch, ob ihr als junge Christen den Dienst in der Armee leisten könnt. [...] Wir bitten euch Schüler und Studenten: [...] Beruft euch auf die Glaubens- und Gewissensfreiheit, die auch in der Anordnung über die Aufstellung von Baueinheiten vom 7. September 1964 bestätigt und im Blick auf den Waffendienst besonders formuliert worden ist. [...]

*Prenzlau, am 2. März 1966*

Judt, Matthias (Hrsg.): DDR-Geschichte in Dokumenten. Bonn 1998, S. 410.

**M2** Demo gegen die Notstandsgesetze und für Frieden und Abrüstung in Bonn, 11. Mai 1968

**M3** Querfurter Papier. Ein politisches Manifest für die Einhaltung der Menschenrechte in der DDR. Friede und Gerechtigkeit heute, 1977

*An die Mitarbeiterschaft der evangelischen und katholischen Kirche*

[...] Viele kirchliche Mitarbeiter erkennen immer deutlicher die Gefahr der wachsenden Fremdbestimmung und des konsequenten Schweigens. Wir bitten sie, mit uns zu überlegen: Worauf kommt es jetzt an?

**1. Friede ohne Versöhnung ist kein echter und bleibender Friede.**

Er stellt nur die Fortsetzung des Kampfes mit anderen Mitteln dar. Wir können dem Prinzip des Klassenkampfes nicht zustimmen, weil es die Versöhnung mit dem Gegner von vornherein ausschließt. Um des Menschen willen können Konflikte nicht mehr mit Gewalt gelöst werden. Gegenseitiges Übereinkommen muß an ihre Stelle treten. Dafür genügt es nicht, friedliche Koexistenz als bloßen Nicht-Krieg zu verstehen. Statt Einübung in den Haß brauchen wir Training in Toleranz, statt Abgrenzung Brücken der Verständigung, statt geistiger und materieller Aufrüstung Bereitschaft, füreinander Opfer zu bringen. Echtem Frieden dient es nicht, a) wenn unter dem Stichwort der Verteidigungsbereitschaft eine umfassende Militarisierung des Denkens und Lebens aufkommt. b) wenn in Andersdenkenden ein Feind gesehen wird, den es unter Umständen zu vernichten gilt. c) wenn immer mehr Berufs- und Bildungswege nur noch über eine „freiwillige" Meldung zur Armee für 3 Jahre zu erlangen sind, d) wenn eine umfassende Umerziehung zum Freund-Feind-Denken erreicht werden soll.

Wir sehen dadurch den Menschen in seinem Menschsein gefährdet. Friede, der die Versöhnung zur Voraussetzung hat, respektiert jeden Menschen in seiner Lebensgestalt, die er vor sich selbst und vor Gott zu verantworten hat.

**2. Der Mensch ist wichtiger als ein ideologisches System.**

Der gesellschaftlichen Vielfalt steht die Einheitsgesellschaft als erklärtes Ziel entgegen. Hieraus ergibt sich eine bleibende Spannung, die jedoch zugunsten der Würde und des Eigenwertes des einzelnen gelockert werden muß. Nur wo die Pluralität beachtet wird, werden Menschen gern Bürger ihres Staates sein. Gesundes menschliches Zusammenleben ist nur dort möglich, wo die Freiheit des einzelnen in einem ausgewogenen Verhältnis zur Bindung an das soziale Ganze steht. Unter den Sach- und Gemeinschaftszwängen darf nicht die Würde und Freiheit des einzelnen verloren gehen. Der vor Gott freie Mensch soll auch vor den Menschen frei sein. Daraus ergeben sich folgende Notwendigkeiten: a) Der Mensch ist von Gott zum Glauben gerufen. Wer diesem Ruf folgt, darf nicht Benachteiligungen ausgesetzt sein. [...] Viele leiden unter Ein- und Ausreisebeschränkungen, die ohne Begründung verhängt werden. Nur wer die Möglichkeit zu grenzenloser Liebe und Freundschaft hat, wird sie auch innerhalb der Grenzen seines Landes gern verwirklichen. Nur wer frei ist zu gehen, wird freiwillig gern bleiben. Will Kirche ihrem Auftrag treu sein, wird sie hier Möglichkeiten zur freien Meinungsäußerung für jedermann einzufordern haben. Die Gesellschaft nimmt Schaden, wo statt dessen Gleichgültigkeit und Apathie um sich greift. [...] e) Der Mensch muß Anspruch auf die Möglichkeit zur Kritik am Bestehenden haben. Wer kritisiert, hat Hoffnung für den anderen. Nur wo offene Kritik keine Repressalien befürchten muß, wird gesellschaftliches Engagement sinnvoll. Das sind keine schrankenlosen Rechte. Sie sind eingebaut in die Verantwortung für den anderen, dessen Freiheit und Würde nur von der Liebe, die aus der Versöhnung kommt, gewahrt wird. Wir sind dankbar, daß diese aus dem Einsatz Gottes für den Menschen kommenden Rechte auch so deutlich in der Schlußakte von Helsinki verankert worden sind. Nur wo sie an erster Stelle rangieren, wird eine geistige und gesellschaftliche Ordnung als Hilfe und nicht als Zwang empfunden. [...]

*Querfurt, den 29. April 1977*

Informationen der SPD. AvS-Informationsdienst. 23. Jahrgang. Nr. 1 vom Oktober 2002, S. 8f.

### M4 Bundeskanzler Willy Brandt (SPD) zur Verleihung des Friedensnobelpreises, 1971

Bundeskanzler Willy Brandt hielt am 11. Dezember 1971 in der Aula der Universität Oslo anlässlich der Verleihung des Friedensnobelpreises folgenden Vortrag:

*„Friedenspolitik in unserer Zeit“:*

[...] Der Krieg darf kein Mittel der Politik sein. Es geht darum, Kriege abzuschaffen, nicht nur, sie zu begrenzen. Kein nationales Interesse läßt sich heute noch von der Gesamtverantwortung für den Frieden trennen. Jede Außenpolitik muß dieser Einsicht dienen. Als Mittel einer europäischen und weltweiten Sicherheitspolitik hat sie Spannungen abzubauen und die Kommunikation über die Grenzen hinweg zu fördern. Außenminister Walter Scheel und ich lassen uns davon leiten, daß es nicht genügt, friedfertige Absichten zu bekunden, sondern daß wir uns aktiv um die Organisation des Friedens zu bemühen haben. Krieg führen – Frieden halten; unser Sprachgebrauch zeigt an, welche Herausforderung der Frieden ist, sobald wir ihn als eine permanente Aufgabe begreifen. Wie man dem Krieg wehren kann, ist eine Frage, die zur europäischen Tradition gehört – Europa hat stets Grund genug gehabt, danach zu fragen. [...] Krieg ist nicht mehr die ultima ratio, sondern die ultima irratio. Auch wenn das noch nicht allgemeine Einsicht ist: Ich begreife eine Politik für den Frieden als wahre Realpolitik dieser Epoche. Was in Deutschland zwölf Jahre lang in extremer Zuspitzung Realpolitik genannt wurde, hat sich als höllische Chimäre erwiesen. Heute sind wir dabei, mit uns selbst und mit der Welt ein erträgliches Gleichgewicht zu finden. Wenn in der Bilanz meiner politischen Wirksamkeit stehen würde, ich hätte einen neuen Realitätssinn in Deutschland den Weg öffnen helfen, dann hätte sich eine große Hoffnung meines Lebens erfüllt. Ich sage hier wie zu Hause: Ein guter Deutscher kann kein Nationalist sein. Ein guter Deutscher weiß, dass er sich einer europäischen Bestimmung nicht versagen kann. Durch Europa kehrt Deutschland heim zu sich selbst und den aufbauenden Kräften seiner Geschichte. […] Unter der Drohung einer Selbstvernichtung der Menschheit ist die Koexistenz zur Frage der Existenz überhaupt geworden. Koexistenz wurde nicht zu einer unter mehreren akzeptablen Möglichkeiten, sondern zur einzigen Chance zu überleben. […]

Von der realen Lage ausgehen, daß hieß, niemandes territoriale Integrität in Frage zu stellen, sondern die Unverletzlichkeit der Grenzen anzuerkennen. Als wir den vertraglich organisierten Gewaltverzicht vorschlugen und die östlichen Nachbarn aufforderten, uns beim Wort zu nehmen, haben wir an das anknüpfen können, was andere Bundesregierungen vor uns gesagt und wozu sie sich in den Westverträgen verpflichtet hatten. Aus der Logik unserer Politik folgerte, daß die Unantastbarkeit der Grenzen auch für das Verhältnis zum Osten und auch für die beiden Staaten in Deutschland gelten mußte, die ihre Zuordnung zu den beiden Bündnissystemen gefunden hatten. Die Spannung – zwischen Friedenswillen und Selbstbehauptung –, der der deutsche Politiker in der Zeit der Konfrontation unterworfen war, führte über leidenschaftliche Auseinandersetzungen zu wesentlichen Klärungen. Unsere West-Ost-Politik hat sich hieraus ergeben. Wir haben das Gebot der Selbstbehauptung ernst genommen, und den Gedanken der nationalen Einheit haben wir nicht verkümmern lassen. Sondern wir sind daran gegangen, auch in unserem nationalen Interesse, unser Verhältnis zu Osteuropa neu zu ordnen. Dies ist keine einfache Folge von Maßnahmen und Verträgen, sondern ein breiter und vielgestaltiger Ablauf, der alle möglichen Wege zur Relativierung der Grenzen zu nutzen und neue Wege zu öffnen sucht. […] Wir werden – weil es für uns selbst, für die Deutschen in den beiden Staaten der einen Nation, von Nutzen ist – unsere Verträge mit der Sowjetunion und der Volksrepublik Polen ratifizieren. Ein entspanntes und ergiebiges Verhältnis auch zu den anderen Staaten des Warschauer Paktes herzustellen, ist ein Ziel der Bundesregierung. Die Beziehungen zur DDR werden, allen Schwierigkeiten zum Trotz, auf dem Boden der Gleichberechtigung geordnet werden, und zwar in der zwischenstaatlich üblichen Form, aber auch in Respekt vor den Rechten und Verantwortlichkeiten der Vier Mächte für Deutschland als Ganzes. Die Verhandlungen der beiden deutschen Seiten zur Ausfüllung des Berlin-Abkommens der Vier Mächte haben gezeigt, daß schwierige Fragen sogar bei nicht zu vereinbarenden Rechtsauffassungen zu regeln sind. […]

Bulletin (Presse- und Informationsamt der Bundesregierung) Nr. 184 vom 13. Dezember 1971, S. 1988–1995.

### M5 Zeitungsbericht über eine große Friedenskundgebung in Bonn, 1981

Die von der „Aktion Sühnezeichen“ und der „Aktionsgemeinschaft Dienst für den Frieden“ veranstaltete Demonstration war mit etwa einer Viertelmillion Teilnehmern die größte Kundgebung dieser Art seit Bestehen der Bundesrepublik. Den Aufruf der beiden evangelischen Organisationen hatten fast tausend Verbände und Vereinigungen unterzeichnet, darunter viele Jugendorganisationen beider Kirchen, die Jungsozialisten, Jungdemokraten sowie die DKP und eine Reihe von ihrer moskauorientierten Politik folgenden Organisationen. Entgegen der zuvor geäußerten Befürchtungen gab es weder während noch im Umfeld der Kundgebung Ausschreitungen. […] Der Berliner Pfarrer Albertz erläuterte die Ursachen dieser „Welle durch unser Land“. Unter Verweis auf den NATO-Entscheid und den Bau der Neutronenwaffe sagte er, jeder wisse, daß sich die Interessen der Vereinigten Staaten und der Europäer nicht mehr decken. Man wolle deshalb nicht mehr „über seine Köpfe entscheiden“ lassen. Albertz, der seiner Rede einen betont nationalen Klang gab, sagte, Deutschland werde nach dem „heutigen Stand der Rüstung“ zu einem „Schießplatz der Supermächte“ werden. „Und dies im Zustand völliger Abhängigkeit, ohne volle Souveränität, ohne Friedensvertrag, in einem geteilten Land.“ [...] Stärker als Albertz richtete Mechtersheimer[9] seine Aufforderungen an die Sowjetunion. „Die Friedensbewegung in der Bundesrepublik verwahrt sich gegen Streicheleinheiten aus Moskau, solange die aufkeimende Friedensbewegung in Osteuropa und in der DDR behindert wird.“ [...]

Frankfurter Allgemeine Zeitung vom 12.10.1981, S. 1f. Zitiert nach: Geschichts-Kurse für die Sekundarstufe II (Hrsg. von Herbert Prokasky und Martin Tabaczek), Bd. 5, Deutschland nach 1945. Paderborn 1993, S. 128f.

9 Friedensforscher und CSU-Mitglied

### M6 Willensbekundung der Teilnehmer der Friedensmanifestation der FDJ am 22. August 1981 in Halle

Von der Friedensmanifestation der Freien Deutschen Jugend am Monument der roten Fahne in Halle, einem Symbol der siegreichen Arbeiterklasse unseres Landes, erheben wir im Namen der Jugend der Deutschen Demokratischen Republik unsere Stimme für die Erhaltung und Sicherung des Weltfriedens. Der USA-Imperialismus, unterstützt von reaktionären Kräften in anderen NATO-Ländern, insbesondere in der BRD, ist dabei, einen ungeheuerlichen Anschlag auf unseren Kontinent zu verüben. Davon gehen tödliche Gefahren für die ganze Menschheit aus. Wir wissen uns eins mit der fortschrittlichen und demokratischen Weltjugend, wenn wir fordern:

Der NATO-Raketenbeschluß muß fallen! Die Neutronenwaffe darf weder produziert noch in Westeuropa stationiert werden! Wir sind stolz auf das in unserer Deutschen Demokratischen Republik Erreichte. Wir wissen um die Stärke des Freundschaftsbundes mit der Sowjetunion und den anderen Ländern der sozialistischen Gemeinschaft. Wir Mitglieder der Freien Deutschen Jugend bekunden unseren festen Willen, als Helfer und Kampfreserve der Sozialistischen Einheitspartei Deutschlands all unser Können einzusetzen, um unser Vaterland zu stärken und vor jedem Feind mit der Waffe zu verteidigen. Damit setzen wir entschlossen die revolutionären Traditionen unseres Jugendverbandes fort! Auch künftig lassen wir uns von der Erfahrung leiten: Die stabile Macht der Arbeiter und Bauern ist die entscheidende Voraussetzung für die Erhaltung und Sicherung des Friedens. So versichern wir am Monument der roten Fahne in Halle, zielstrebig die Beschlüsse des X. Parteitages der SED und des XI. Parlaments der FDJ zu verwirklichen. Mit Wort und Tat sind und bleiben wir glühende Verteidiger des Sozialismus und des Friedens.

Außenpolitische Korrespondenz (Hauptabteilung Presse des Ministeriums für Auswärtige Angelegenheiten der DDR) Nr. 34 vom 28. August 1981, S. 273.

### M7 Tischrede des Staatsratsvorsitzenden Erich Honecker im Gästehaus des Staatsrates am Döllnsee anlässlich des innerdeutschen Gipfeltreffens, 12. Dezember 1981

*Sehr geehrter Herr Bundeskanzler!*
*Meine Herren!*

Gestatten Sie mir, Sie und die Herren Ihrer Begleitung noch einmal herzlich in der Deutschen Demokratischen Republik zu begrüßen und Ihnen einen angenehmen Aufenthalt zu wünschen. Unsere Begegnung findet in einer Zeit statt, in der sich die internationale Lage sichtlich kompliziert und verschärft hat. In dieser Zeit erhöhter Spannungen kommt es darauf an, daß alle, die politische Verantwortung tragen, entschlossen und überlegt handeln, um dem Grundinteresse der Menschen an einem Leben in Frieden und Sicherheit gerecht zu werden. Wichtigeres als die Erhaltung des Friedens kann es nicht geben. Der Dialog zwischen Ost und West ist gerade jetzt, da jeder falsche Schritt verhängnisvoll wäre, notwendiger und wertvoller denn je. Mit unserem Treffen, so meine ich, können wir einen konstruktiven Beitrag zu diesem Dialog leisten. Wir sind keine Träumer, sondern Realisten. Wir haben gestern und heute unsere Standpunkte zu den Kernfragen unserer Zeit frei und offen diskutiert. Dabei konnten wir auf bestimmten Gebieten Übereinstimmung feststellen, darunter solchen von wesentlicher Bedeutung. Ich denke dabei vor allem an die Auffassung, daß es zur Politik der Friedenssicherung und der Entspannung keine vertretbare Alternative gibt. Aber es gibt auch Meinungsunterschiede. Das betrifft zum Beispiel die Antwort auf die Frage nach den Ursachen der zugespitzten internationalen Spannungen sowie nach dem Weg zur Friedenssicherung.

*Bestrebungen, die ernste Gefahren in sich bergen*

Leider bietet die gegenwärtige Situation in der Welt Grund zur Sorge. Offen erklärte Bestrebungen, die Kooperation durch Konfrontation zu ersetzen und der Politik der Entspannung eine generelle Absage zu erteilen, bergen ernste Gefahren für die internationale Sicherheit und das friedliche Zusammenleben der Staaten in sich. Wie bekannt, hat die Deutsche Demokratische Republik schon vor dem Brüsseler Beschluß der NATO im Jahre 1979 über die Stationierung neuer nuklearer Mittelstreckenraketen der USA in Westeuropa darauf hingewiesen, daß damit die Lage verschärft wird. Handelt es sich doch nicht um Nachrüstung, sondern um eine Vorrüstung, die das bestehende annähernde militärische Gleichgewicht zerstören und das Wettrüsten weiter anheizen würde. Eine Fortsetzung dieses Kurses wäre folgenschwer. Wer wollte leugnen, daß so etwas weder im Interesse der Bürger der Deutschen Demokratischen Republik noch der Bürger der Bundesrepublik Deutschland liegen kann. Vielmehr richtet sich das gegen die Interessen aller Völker, die ein Recht haben auf ein Leben in gesichertem Frieden.

*„Null-Lösung" wäre Minus-Lösung zu Lasten der UdSSR*

Im Einklang mit der abgestimmten Außenpolitik der sozialistischen Staaten hat Leonid Breschnew während seines kürzlichen Aufenthalts in Ihrem Land, Herr Bundeskanzler, erneut Vorschläge unterbreitet, die auf dem Wege des Friedens voranführen können. Mit vollem Recht blickt die internationale Öffentlichkeit erwartungsvoll auf die vor wenigen Tagen in Genf begonnenen sowjetisch-amerikanischen Verhandlungen über die Frage der Kernwaffen in Europa. Doch ist die Aufnahme von Verhandlungen allein noch keine Garantie für ein gutes Ergebnis. Für eine solche Annahme gibt es schon darum keinen Grund, weil die von den USA angebotene „Null-Lösung" bei Lichte betrachtet auf eine Minus-Lösung zu Lasten der Sowjetunion und unseres Verteidigungsbündnisses hinausläuft. Wir möchten der Erwartung Ausdruck verleihen, daß an diese für das Schicksal des europäischen Kontinents so wichtige Frage objektiv herangegangen wird, damit eine für beide Seiten akzeptable Lösung gesucht und gefunden werden kann, die dem Grundsatz der Gleichheit und gleichen Sicherheit gerecht wird. Da uns dieses Ziel am Herzen liegt, fällt es schwer zu verstehen, daß das Angebot der Sowjetunion bisher abgelehnt wird, wonach beide Seiten von der Stationierung und Modernisierung der vorhandenen nuklearen Mittelstreckenraketen in Europa Abstand nehmen sollen, solange die Verhandlungen dauern. Für den Fall des Einvernehmens hierüber hat bekanntlich Leonid Breschnew in Bonn als Zeichen des guten Willens der UdSSR weitere einseitige Schritte als Vorleistung in Aussicht gestellt. Sie sollen dazu beitragen, jenem niedrigen Niveau näherzukommen, das bei den Verhandlungen erzielt werden sollte. Der Gedanke eines Moratoriums ist ja, wie man weiß, in der zurückliegenden Zeit von verschiedenen Seiten als nützlich erachtet worden. Auch müßte eigentlich der Vorschlag, die Erstanwendung von Kernwaffen international zu ächten, für jeden akzeptabel sein, der fest entschlossen ist, alles nur Erdenkliche zur Verhinderung eines nuklearen Krieges zu tun. Ich meine, man sollte nicht mit willkürlichen Zahlen spielen, sozusagen mit Rechenkunststücken die Völker über die gewaltigen Gefahren eines Atomkrieges hinwegtäuschen. Angesichts der bereits vorhandenen Vernichtungspotentiale geht es doch um nichts mehr und nichts weniger als um das Schicksal von Hunderten von Millionen Menschen, buchstäblich um Leben oder Tod für die Völker. Die Welt braucht nicht Lang-

zeitrüstungsprogramme, Beschlüsse über die Neutronenwaffe oder Konzepte begrenzter Atomkriege. Notwendig ist vielmehr, mit Verantwortungsbewußtsein, Entschlußkraft und in konstruktivem Geist Wege und Lösungen zu finden, die dem Wunsch der Menschen nach dauerhaftem Frieden und einem glücklichen Leben gerecht werden. Entscheidend ist der politische Wille, so an die Probleme unserer Zeit heranzugehen. [...]
Wir sind entschlossen, unsere auf die Prinzipien der friedlichen Koexistenz begründete Politik zur Normalisierung der Beziehungen zwischen der Deutschen Demokratischen Republik und der Bundesrepublik Deutschland konsequent fortzusetzen. Unsere Vorschläge, wie man auf der Grundlage der geschlossenen Verträge und Vereinbarungen, übereinstimmend mit der Schlußakte von Helsinki zu einer umfassenden Normalisierung der beiderseitigen Beziehungen gelangen kann, sind bekannt. Zugleich gehen wir davon aus, daß auch die Regierung der Bundesrepublik Deutschland an einer positiven Entwicklung der beiderseitigen Beziehungen interessiert bleibt. Alle sachdienlichen Vorschläge und Anregungen Ihrer Seite werden wir mit gutem Willen prüfen. Erheben wir das Glas darauf, daß unsere Anstrengungen beitragen, die Früchte des Friedens und der friedlichen Zusammenarbeit zu bewahren, sie weiter zu mehren. Auf Ihr persönliches Wohl, Herr Bundeskanzler, und das Wohl aller hier Anwesenden! Auf das Wohl der Bürger der Deutschen Demokratischen Republik und der Bürger der Bundesrepublik Deutschland!

Außenpolitische Korrespondenz (Hauptabteilung Presse des Ministeriums für Auswärtige Angelegenheiten der DDR) Nr. 25 vom 18. Dezember 1981, S. 411–413.

### M8 Tischrede des Bundeskanzlers Helmut Schmidt (SPD) bei einem Mittagessen mit Erich Honecker, 12. Dezember 1981

*Sehr geehrter Herr Generalsekretär, meine Herren!*

Zunächst möchte ich Ihnen, meine Herren, auch im Namen meiner Kollegen und meiner Delegation, dafür danken, daß wir einander in dieser von dem Neuruppiner Apothekersohn Theodor Fontane gerühmten Landschaft inmitten der Uckermark zu Gesprächen begegnen können, die von allen Deutschen sowohl in der Deutschen Demokratischen Republik als auch in der Bundesrepublik Deutschland mit vielfältigen Erwartungen beobachtet werden.
[...] Sie haben eben in Ihrer Tischrede mit Recht gesagt, daß unsere Begegnung in einer schwierigen Weltlage stattfindet. Vertrauen in die Zukunft ist vielerorten gestört; das ist wahr! Es gibt Unsicherheiten auf beiden Seiten. Mit großer Sorge sehe ich, daß neue sowjetische Mittelstreckenraketen mit jeweils drei Gefechtsköpfen das militärische Gleichgewicht zwischen West und Ost verändern und daß sie uns bedrohen. Wir sind überzeugt – das will ich allerdings hinzufügen – daß es möglich ist, Gleichgewicht auch ohne westliche Nachrüstung wiederherzustellen – nämlich durch Rüstungsbegrenzung und durch Abrüstung. Deshalb haben die Vereinigten Staaten von Amerika für die eben in Genf begonnenen Verhandlungen vorgeschlagen, daß beide Seiten auf Mittelstreckenraketen ganz verzichten. Gewiß haben wir Deutschen – Sie ebenso wie wir, die wir alle direkt oder indirekt in diesen Verhandlungen betroffen sind, indirekt sind alle Europäer betroffen –, gewiß haben wir beide, die Deutsche Demokratische Republik und die Bundesrepublik Deutschland, bei diesen Verhandlungen keine Sonderrolle. Aber gerade weil dieser schlimme Zweite Weltkrieg von deutschem Boden ausgegangen ist, deshalb können, deshalb dürfen wir Deutschen uns nicht auf die Rolle interessierter Zuschauer beschränken. Sondern als loyale Mitglieder unserer jeweiligen Bündnisse, denen wir und denen Sie mit Überzeugung angehören, müssen wir unsere geschichtlichen Erfahrungen, unsere Einsichten und müssen wir die Sorgen der Menschen in beiden deutschen Staaten einbringen. Die Bundesregierung hat dies im Vorfeld der Genfer Verhandlungen getan, dies wird auch weiterhin unsere Politik bleiben. In diesem Sinne habe ich die von Ihnen heute erwähnten Gespräche mit dem sowje-

tischen Generalsekretär Herrn Breschnew vor drei Wochen geführt. Unser gemeinsamer Nenner zwischen Herrn Breschnew und mir war die Sorge um den Frieden. Ich konnte wenige Tage vor Beginn der Verhandlungen in Genf nicht nur die großen Hoffnungen erläutern, die die Bundesregierung in diese Verhandlungen setzt, sondern auch die ehrlichen Motive unseres amerikanischen Verbündeten erläutern. Es hat sich dabei ein weiteres Mal erwiesen, daß es in schwierigen Zeiten notwendig ist, miteinander zu reden und aufeinander zu hören. [...]

Theodor Fontane hat in seinen „Wanderungen durch die Mark Brandenburg", die ich alle fünf Jahre immer mal wieder lese, diesen Satz geschrieben: „Es scheint, als ob alle Welt, auch in alten Tagen schon, ein Ohr für den Wohlklang des Namens Werbellin gehabt habe ..." Wir beide, Herr Generalsekretär, wissen, daß wir uns bei diesem Treffen nicht übernehmen und nicht überheben können. Wenn es uns gelingt, etwas mehr Selbstverständlichkeit, etwas mehr Bemühen um vernünftige Nachbarschaft und schließlich um gute Nachbarschaft zu erreichen – wenn es uns gelingt, dies alles in politisches Handeln zu übersetzen, dann werden Werbellinsee und Schorfheide und Döllnsee den Bürgern in beiden deutschen Staaten vielleicht in besonderer Erinnerung bleiben. Herr Generalsekretär, ich trinke auf Ihr Wohl, auf das Wohl aller hier am Tisch Versammelten, auf das Wohl aller Deutschen und auf unseren gemeinsamen Frieden.

Bulletin (Presse- und Informationsamt der Bundesregierung) Nr. 121 vom 15. Dezember 1981, S. 1036–1038.

### M9 Politische Grundsätze der Bundesregierung für den Export von Kriegswaffen und sonstigen Rüstungsgütern. Beschluss der Bundesregierung vom 28. April 1982

In dem Bestreben, – im Rahmen der internationalen und gesetzlichen Verpflichtungen der Bundesrepublik Deutschland, den Export von Rüstungsgütern am Sicherheitsbedürfnis und außenpolitischen Interesse der Bundesrepublik Deutschland zu orientieren, – durch seine Begrenzung und Kontrolle einen Beitrag zur Sicherung des Friedens in der Welt zu leisten – und dementsprechend auch die Beschlüsse internationaler Institutionen zu berücksichtigen, die eine Beschränkung des internationalen Waffenhandels unter Abrüstungsgesichtspunkten anstreben, und in Fortsetzung ihrer bewährten restriktiven Rüstungsexportpolitik hat die Bundesregierung folgende Grundsätze für den Export von Kriegswaffen und sonstigen Rüstungsgütern beschlossen: [...]

Der Export von Kriegswaffen und kriegswaffennahen sonstigen Rüstungsgütern in Länder außerhalb des Atlantischen Verteidigungsbündnisses bleibt eingeschränkt. Er darf insbesondere nicht zum Aufbau zusätzlicher, exportspezifischer Kapazitäten führen.

9. Der Export von Kriegswaffen [...] wird nicht genehmigt, es sei denn, daß auf Grund besonderer politischer Erwägungen Ausnahmen allgemeiner Art festgelegt werden oder im Einzelfall vitale Interessen der Bundesrepublik Deutschland für eine ausnahmsweise Genehmigung sprechen. Vitale Interessen sind außen- und sicherheitspolitische Interessen der Bundesrepublik Deutschland unter Berücksichtigung der Bündnisinteressen. Beschäftigungspolitische Gründe dürfen keine ausschlaggebende Rolle spielen.

10. Für den Export kriegswaffennaher sonstiger Rüstungsgüter (nur nach AWG genehmigungspflichtig) werden Genehmigungen nur erteilt, soweit die im Rahmen der Vorschriften des Außenwirtschaftsrechts zu schützenden Belange der Sicherheit, des friedlichen Zusammenlebens der Völker oder der auswärtigen Beziehungen nicht gefährdet sind. [...] 13. Die Lieferung von Kriegswaffen und kriegswaffennahen sonstigen Rüstungsgütern darf nicht zu einer Erhöhung bestehender Spannungen beitragen. Lieferungen an Länder, bei denen eine Gefahr für den Ausbruch bewaffneter Auseinandersetzungen besteht, scheiden deshalb grundsätzlich aus. Es muß hinreichende Sicherheit bestehen, daß die Kriegswaffen und kriegswaffennahen sonstigen Rüstungsgüter nur zur Verteidigung des

Empfängerlandes oder der betreffenden Region bestimmt sind. […]

Bulletin (Presse- und Informationsamt der Bundesregierung) Nr. 38 vom 5. Mai 1982, S. 309–311.

### M10 Bundeskanzler Helmut Kohl (CDU) an den Generalsekretär des Zentralkomitees der SED Erich Honecker, 16. Februar 1983

*Sehr geehrter Herr Generalsekretär,*

für Ihr Schreiben vom 4. Februar 1983 danke ich Ihnen. Ich weiß mich mit Ihnen darin einig, daß die Bundesrepublik Deutschland und die Deutsche Demokratische Republik eine große Verantwortung für die Sicherung des Friedens in Europa und in der Welt tragen. Wir sollten uns ernstlich darum bemühen, positive Impulse für die Lage in Europa zu geben. Dialog und Zusammenarbeit, die Ausfüllung der bestehenden Verträge, mehr Kontakte zwischen den Menschen sind nach meiner festen Überzeugung ein wichtiger Beitrag zum Frieden.

Herr Generalsekretär, auf das Ziel der Sicherung des Friedens sind alle rüstungskontrollpolitischen Anstrengungen der Bundesregierung und des ganzen Atlantischen Bündnisses gerichtet – in Genf, in Wien, in Madrid und in den Vereinten Nationen. Wir wollen den Frieden sichern mit immer weniger Waffen. Wir wollen ein stabiles militärisches Gleichgewicht zwischen Ost und West auf möglichst niedrigem Niveau der Rüstungen. Unsere besonderen Erwartungen richten sich derzeit auf die Verhandlungen über nukleare Mittelstreckenwaffen in Genf. Die Vereinigten Staaten haben dort in Abstimmung mit ihren Bündnispartnern vorgeschlagen, daß die USA und die UdSSR auf ihre landgestützten Mittelstreckenraketen verzichten. Ein solches Ergebnis würde zeigen, daß wirkliche Abrüstungsschritte zwischen West und Ost vereinbart werden können. Es wäre ein einschneidender Beitrag zum Abbau der nuklearen Bedrohung Europas. Für die nukleare Bedrohung eines Gebietes ist es nicht ausschlaggebend, ob dort Kernwaffen stationiert sind, sondern ob auf dieses Gebiet Kernwaffen gerichtet sind. Verhandlungen, die nur auf ein Auseinanderrücken der nuklearen Arsenale in Europa hinauslaufen, würden deshalb die Stabilität nicht erhöhen, sondern nur eine Illusion größerer Sicherheit schaffen. Sie würden von den laufenden Verhandlungen über Reduzierung von Kernwaffen ablenken und damit baldige Ergebnisse erschweren. Unser oberster Maßstab für alle rüstungskontrollpolitischen Vorschläge ist es, welchen Beitrag sie zur Verhütung jeglicher kriegerischer Auseinandersetzungen leisten, einschließlich eines konventionellen Konflikts in Europa. Die Initiative für einen von nuklearen Gefechtsfeldwaffen freie Zone in Mitteleuropa wird dieser Anforderung nicht gerecht. Wir sehen uns deshalb nicht in der Lage, sie zu unterstützen.

Angesichts der konventionellen Überlegenheit des Warschauer Paktes in Europa würde eine solche Zone das Risiko einer Konfrontation sogar erhöhen. Wir können nicht übersehen, daß der Warschauer Pakt allein in dem Raum, der von den Wiener Verhandlungen über gegenseitige und ausgewogene Truppenreduzierungen erfaßt wird, über mehr als doppelt so viele Divisionen, Panzer und Kanonen verfügt als die NATO. Ich halte es für notwendig, daß wir alle Anstrengungen auf diejenigen Bemühungen im Bereich der Abrüstung und Rüstungskontrolle konzentrieren, die geeignet sind, konkrete, ausgewogene und verifizierbare Verhandlungsergebnisse zu erzielen.

Deshalb messen wir Fortschritten bei den laufenden Verhandlungen größte Bedeutung bei. An einer Reihe solcher Verhandlungen nehmen Vertreter der Bundesrepublik Deutschland und der Deutschen Demokratischen Republik teil. Ich halte es für nützlich, über Grundsatzfragen, die diese Verhandlungen betreffen, einen direkten und sachlichen Meinungsaustausch zu führen. Deshalb schlage ich Ihnen vor, daß sich unsere Abrüstungsbeauftragten treffen, um die Gespräche über die Themen fortzusetzen, die bereits Gegenstand des beiderseitigen Gedankenaustauschs waren. Nach unserer Vorstellung könnte ein derartiges Treffen im April oder Mai in Bonn stattfinden.

Mit freundlichen Grüßen

*Helmut Kohl*

Bulletin (Presse- und Informationsamt der Bundesregierung) Nr. 21 vom 23. Februar 1983, S. 191.

**M11 Offener Brief des Friedenskreises Vipperow an Erich Honecker mit der Aufforderung, die DDR einseitig zu einer atomwaffenfreien Zone zu machen, 8. September 1983**

*Sehr geehrter Herr Honecker,*

mit großer Sorge und Unruhe betrachten wir die gegenwärtige weltpolitische Entwicklung, in welcher die Gefahr eines nuklearen Krieges ständig wächst. Wir hoffen sehr, daß eine Stationierung neuer Mittelstreckenwaffen in Westeuropa noch verhindert werden kann, denn mit ihr erhöhte sich die akute Kriegsgefahr in Europa erheblich. Mit ihr besteht die Gefahr einer neuen, höheren Stufe der Aufrüstung in West und Ost, die weiterhin und noch mehr die für die Entwicklung unterentwickelter Staaten und gerechter Strukturen benötigten Mittel verschlingt. Diese geplante Stationierung ist Bestandteil der Strategie der Abschreckung, der eine deutliche Absage erteilt werden muß, denn sie hat Europa an den Rand des Abgrunds gebracht und bedroht die ganze Weit. Sicherheit kann heute nicht mehr vor dem anderen gefunden werden (Abschreckung), sondern nur mit ihm gemeinsam. Diese Strategie der gemeinsamen Sicherheit ist zur Überlebensfrage geworden. Verantwortliche Politik in Europa kann nur noch ihr folgen und Wege in dieser Richtung suchen. Heute mehr denn je ist es nötig, aus der Spirale des Wettrüstens, die eine Folge des Systems der Abschreckung ist, auszusteigen und mit vertrauensbildenden Maßnahmen Schritte zu gehen, die Angst und Mißtrauen abbauen und Vertrauen schaffen. Wir wissen, daß wir Ihnen mit all dem nichts Neues sagen, wollen es aber ausdrücklich auch als unsere Haltung bekräftigen. So haben wir es im Februar mit Freude gesehen, daß Sie den schwedischen Vorschlag zur Schaffung einer von nuklearen Gefechtsfeldwaffen freien Zone aufgenommen und auf das ganze Territorium der DDR erweitert haben. Wir sehen in der Schaffung atomwaffenfreier Zonen ein ganz wichtiges Mittel, um Vertrauen zwischen den Staaten zu schaffen. Da wir glauben, daß Atomwaffen uns nicht schützen, sondern nur vernichten können, haben wir nun folgende Bitte: Treten Sie bitte im Gespräch mit den Verbündeten und hauptsächlich mit der Sowjetunion dafür ein und erklären Sie in Absprache mit diesen nach Entfernung der entsprechenden Waffen und Trägersysteme schon heute ohne Bedingung die DDR zu einer atomwaffenfreien Zone. Eine solche Vorgabe wäre eine vertrauensbildende Maßnahme von großer Bedeutung und ein hervorragender Beweis des Friedenswillens unseres Staates. Wir sind der festen Überzeugung, daß ein solcher Schritt uns nicht unsicherer macht, sondern sicherer. Gleichzeitig würden so andere Staaten animiert, dem zu folgen, was die Situation in Europa wesentlich entspannte. Wir halten dies auch dann für einen Schritt in die richtige Richtung, wenn im Scheitern der Genfer Verhandlungen in Westeuropa neue amerikanische Raketen stationiert werden und Westeuropa es verpaßt, Zukunft eröffnende Schritte zu gehen. Auch dann können Atomwaffen uns nicht sicherer machen. Gerade dann sind politische Schritte gefordert, die Entspannung und Vertrauen schaffen. Lassen Sie unser Land auch dann nicht wieder „nach-nach-rüsten" und so dem Weg der Abschreckung folgen bis zum bitteren Ende, sondern uns aufbrechen in eine Zukunft, die nur möglich ist, wo wir Vertrauen wagen. Als einen Schritt auf diesem Weg sehen wir diese Vorgabe: Die DDR schon heute eine atomwaffenfreie Zone.

*Markus Meckel, 2071 Vipperow, Dorfstr. 26*
*Wolf-Henning Rothe, Wolfgang Mau, Katrin Grünberg, Martin Gutzeit, Rüdiger Rosenthal, Herrmann Pietsch, Gudrun Gutzeit, Sabine Czerwinski, Frank Lipmann, Torsten Möller, Peter Czerwinski, Christian Kloß, Ruth Pietsch, Martin Prill*

Meckel, Markus /Gutzeit, Martin: Opposition in der DDR. Zehn Jahre kirchliche Friedensarbeit – kommentierte Quellentexte. Köln 1994, S. 94f.

## 8 „Wir sind das Volk! Wir bleiben hier" – Von Glasnost und Perestroika zur friedlichen Revolution in der DDR

Der Grundlagenvertrag und die KSZE eröffneten der Oppositionsbewegung in der DDR völlig neue Handlungsräume. Die DDR hatte sich offen zur Demokratie und Einhaltung der Menschenrechte bekannt, worauf sich die Oppositionsbewegung berufen konnte. Der von Michail Gorbatschow 1985 als Generalsekretär des ZK der KPdSU eingeleitete Kurs von Glasnost und Perestroika (Offenheit und Umgestaltung) war der Beginn einer umfassenden Reformbewegung in der Sowjetunion, die den osteuropäischen Staaten den Weg in die Freiheit eröffnen sollte. Die DDR-Staatsführung lehnte eine Übernahme der von Gorbatschow propagierten Politik mit der Begründung ab, dass viele seiner Reformvorstellungen in der DDR schon in der Vergangenheit umgesetzt worden seien. Die DDR, die in der Weltwirtschaft eine Spitzenposition einnehme, habe nicht die wirtschaftlichen Defizite, die die sowjetische Wirtschaft aufweise. Das Verbot des Sputniks (Wissenschaftsmagazin der SU) und anderer Medien sorgten in der DDR für Empörung und Unverständnis. Der Zulauf in die Menschen- und Bürgerrechtsgruppen, die sich u. a. in der Friedensbewegung und Umweltfragen engagierten, und die Zahl der ausreisewilligen DDR-Bürger wurde von Tag zu Tag größer. Am 17. Januar 1988 versammelten sich zahlreiche Oppositionelle in Ostberlin, um anlässlich einer Gedenkveranstaltung für Karl Liebknecht und Rosa Luxemburg an deren Worte „Freiheit ist immer die Freiheit der Andersdenkenden" zu erinnern. Etwa 120 von ihnen wurden festgenommen und zum Teil zu Freiheitsstrafen verurteilt. Bei den Kommunalwahlen im Mai 1989 gelang es den Bürgerrechtlern, die Wahlfälschungen der SED aufzudecken. Die in der Folgezeit einsetzenden Botschaftsbesetzungen von DDR-Bürgern (Warschau, Prag, Budapest und Ostberlin), die ihre Ausreise erzwingen wollten, endeten mit der Öffnung der Grenze in Ungarn im September 1989. Es begann die Zeit der sogenannten Montagsdemonstrationen in den Großstädten Berlin, Leipzig und Dresden, wo die friedlichen Demonstranten riefen „Wir sind das Volk", „Wir bleiben hier". Im Oktober wurde Erich Honecker durch Egon Krenz (SED) ersetzt. Die Demonstranten, die nun die deutsche Einheit forderten, riefen jetzt „Wir sind ein Volk". Die am 9. November 1989 vollzogene Öffnung der innerdeutschen Grenze wurde in beiden Teilen Deutschlands euphorisch gefeiert. Nachdem im Dezember 1989 neben Egon Krenz das gesamte Politbüro und ZK der SED zurückgetreten war, begann der „Runde Tisch", der aus verschiedenen Vertretern der Opposition bestand, seine Arbeit. Am 18. März 1990 fanden dann die ersten freien Volkskammerwahlen der DDR statt, die zur Überraschung vieler Beobachter die CDU zur stärksten Partei machten. Der CDU-Vorsitzende Lothar de Maizières bildete eine Koalitionsregierung aus FDP, SPD und CDU, die noch im April 1990 Verhandlungen mit der Bundesregierung zur Bildung einer Währungs-, Wirtschafts- und Sozialunion aufnahm. Am 1. Juli 1990, als der Staatsvertrag in der DDR in Kraft trat, wurde die „Deutsche Mark" alleiniges Zahlungsmittel in ganz Deutschland. Aufgrund der gesamtgesellschaftlichen Krise hielt die Abwanderung von Bewohnern der DDR in den Westen unvermindert an. In dieser Zeit wurden zwei unterschiedliche Wege für die Wiedervereinigung verfolgt. Während sich Konservative und Liberale für einen Beitritt nach Artikel 23 GG aussprachen, forderten viele Sozialdemokraten den Anschluss der DDR nach Artikel 146 des GG. Nach heftiger Diskussion setzten sich schließlich die Kräfte durch, die den Anschluss nach Artikel 23 gefordert hatten. Wichtige vertragliche Rahmenbedingungen wurden im Einigungsvertrag vom 31. August 1990 festgelegt. Der offizielle Termin für den Beitritt der DDR zum Geltungsbereich der Bundesrepublik wurde auf den 3. Oktober 1990 festgesetzt. Nach der Wiedervereinigung der beiden deutschen Staaten wird der 3. Oktober als Staatsfeiertag begangen (bislang war es der 17. Juni). Die am 2. Dezember 1990 durchgeführten ersten gesamtdeutschen Wahlen brachten für die CDU mit 43,8 Prozent einen deutlichen Wahlsieg.

### M1 Hinweise des MfS zur Reaktion der Bevölkerung auf die Verordnung über Reisen von Bürgern der DDR nach dem Ausland vom 30. November 1988

Vorliegenden Hinweisen aus den Bezirken und der Hauptstadt der DDR, Berlin, zufolge, löste die Veröffentlichung der Verordnung über Reisen von Bürgern der DDR nach dem Ausland in breiten Bevölkerungskreisen umfangreiche und differenzierte Meinungsäußerungen aus, die weiterhin anhalten. [...] Darüber hinaus wird aber auch von Personen aus den verschiedensten Bevölkerungskreisen, darunter vielen progressiven Kräften, die Meinung vertreten, mit dieser Regelung sei die „Spaltung" der DDR-Bevölkerung in zwei „Klassen" – mit bzw. ohne Beziehungen/Kontakte in das nichtsozialistische Ausland – weiter vertieft worden. Wieder einmal seien Bürger, die über entsprechende Beziehungen in das nichtsozialistische Ausland verfügen, privilegiert worden; die ökonomischen Belastungen aus dem Reiseverkehr aber müßten auch von den Bürgern ohne „Westverwandtschaft" mitgetragen werden. Wiederholt werden von Personen ohne verwandtschaftliche Beziehungen oder andere Kontakte in das nichtsozialistische Ausland, darunter auch progressive Kräfte, Auffassungen vertreten, es sei enttäuschend, daß keine touristischen Reisemöglichkeiten in das nichtsozialistische Ausland geschaffen worden sind. [...] Beachtenswert ist in diesem Zusammenhang, daß in einer Reihe von Meinungsäußerungen zu diesen Problemen wiederholt von verschiedenen Personenkreisen, darunter Arbeitern und Angestellten aus Großbetrieben der Industrie, Genossenschaftsbauern, Angehörigen der wissenschaftlich-technischen und medizinischen Intelligenz sowie aus dem Bereich Kunst und Kultur, kirchlichen Amtsträgern und religiös gebundenen Personen, auch die Auffassung vertreten wird, die DDR könne es sich auf Dauer politisch nicht leisten, ihre Bürger nur aus humanitären Gründen in das nichtsozialistische Ausland reisen zu lassen. Dabei verweisen sie u. a. auf für Bürger anderer sozialistischer Staaten bestehende Möglichkeiten, unabhängig von Verwandtschaftsverhältnissen und familiären Anlässen auf Einladung von Personen aus dem nichtsozialistischen Ausland besuchsweise ausreisen zu dürfen. In wachsendem Maße treten vor allem solche Personen mit Meinungsäußerungen zur Reiseverordnung in Erscheinung, die bereits „in dringenden Familienangelegenheiten" ausgereist waren, bei denen aber nach den gültigen Regelungen keine Voraussetzungen mehr zur Genehmigung von Privatreisen nach dem nichtsozialistischen Ausland bestehen. In zunehmend unsachlicher, z.T. aggressiver Form, oft verbunden mit gegenüber Angehörigen der Deutschen Volkspolizei heftig vorgetragenen Vorwürfen der Engstirnigkeit und Herzlosigkeit, bringen diese Personen ihre Enttäuschung und ablehnende Haltung zu der erlassenen Rechtsvorschrift zum Ausdruck. [...]

Kuhrt, Eberhard (Hrsg.): Am Ende des realen Sozialismus. Beiträge zu einer Bestandsaufnahme der DDR-Wirklichkeit in den 80er Jahren. Band 1: Die SED-Herrschaft und ihr Zusammenbruch. Opladen 1996, S. 246–248.

### M2 Bundeskanzler Helmut Kohl (CDU) zur Lage in der DDR, 1989

Bundeskanzler Helmut Kohl gab am 22. August 1989 vor der Bundespressekonferenz in Bonn folgende Erklärung zur Deutschlandpolitik und zum Problem der wachsenden Zahl von Flüchtlingen aus der DDR in die Bundesrepublik ab:

1. Wir alle sind in diesen Wochen durch die Berichte und Bilder aus Budapest und Ostberlin aufgewühlt, die uns vor Augen führen, wie Männer, Frauen und Kinder – unsere deutschen Landsleute – einen Weg in

die Freiheit suchen. Niemanden in unserem Land darf das Schicksal dieser Menschen gleichgültig lassen. Das muß auch die Bereitschaft einschließen, diejenigen, die zu uns kommen, mit offenem Herzen aufzunehmen. Die Bundesregierung tut alles, was in ihren Kräften steht, um den betroffenen Menschen zu helfen. Ich füge jedoch hinzu: Niemand sollte versuchen, aus dieser schwierigen Lage parteipolitisches Kapital zu schlagen. Wenn wir im Interesse der Menschen zu einer Lösung kommen wollen, erfordert dies Verantwortungsbewußtsein auf allen Seiten. Darin möchte ich ausdrücklich auch die Medien einschließen.

2. Für die jetzt entstandene Lage trägt ausschließlich die DDR-Führung die Verantwortung. Wir werden sie daraus nicht entlassen. Alle müssen wissen – auch die Zufluchtsuchenden –, daß nicht die Bundesregierung über ihre Ausreise entscheiden kann, sondern nur die DDR. Ohne die DDR wird sich eine Lösung auch in Budapest nicht finden lassen. Dabei möchte ich an dieser Stelle ausdrücklich die konstruktive Haltung der ungarischen Regierung hervorheben. Die Bundesregierung steht mit der Führung der DDR in Kontakt. Ich habe mich – wie Sie wissen – persönlich an Generalsekretär Honecker gewandt. Kanzleramtsminister Seiters hat am Freitag Gespräche in Ostberlin geführt. Wir werden auch weiterhin alle zur Verfügung stehenden Möglichkeiten ausschöpfen, um die SED-Führung zu einer raschen und für die betroffenen Menschen akzeptablen Lösung zu bewegen. Nicht Rechthaberei, sondern Menschlichkeit ist jetzt gefragt.

[…] Wir wünschen keine Konfrontation. Die DDR-Führung muß jedoch wissen, daß eine Fortdauer des jetzigen Zustandes die beiderseitigen Beziehungen erheblich belasten kann. Daran können beide Seiten nicht interessiert sein. Zugleich erinnern wir die DDR-Führung mit allem Nachdruck an die strikte Einhaltung ihrer Verpflichtungen aus dem KSZE-Prozeß. Dazu gehört auch die umfassende Gewährung von Freizügigkeit. Je mehr Menschen reisen dürfen, desto besser für die Gesamtsituation.

Der gesamteuropäische Prozeß ist ein Ganzes. Die DDR kann nicht einerseits die engere Zusammenarbeit beispielsweise mit der Europäischen Gemeinschaft suchen und andererseits in humanitären Fragen eine Haltung praktizieren, die dem Geist und Buchstaben der KSZE-Verpflichtungen zuwiderläuft. Von deutschem Boden dürfen auch keine Flüchtlingsströme mehr ausgehen.

5. Diese KSZE-Verknüpfung gilt analog auch für den bilateralen Bereich. Gerade diese Bundesregierung hat die Zusammenarbeit mit der DDR auf breiter Grundlage fortentwickelt – ich nenne nur den Verkehr, den Umweltschutz, aber auch die wirtschaftlich-industrielle Kooperation. Wir sind – ich sage dies ausdrücklich auch an dieser Stelle und zu dieser Zeit – bereit, diese Zusammenarbeit konsequent fortzusetzen, denn sie kommt letztlich den Menschen in der DDR zugute. Diese Zusammenarbeit war und ist aber eng verknüpft mit den humanitären Fragen, die für uns im geteilten Deutschland eine elementare Rolle spielen. Diese Balance darf nicht in Frage gestellt werden.

6. Die Bundesregierung hat stets deutlich gemacht, daß niemand an einer krisenhaften Entwicklung in der DDR mit möglicherweise verhängnisvollen Folgen für ganz Europa ein Interesse haben kann. Die DDR-Führung muß sich aber fragen lassen, was sie selbst tut, um einer solchen Entwicklung entgegenzuwirken. Aus den Zeugnissen der Menschen, die in diesen Tagen in den Westen gelangt sind, wissen wir, daß es vor allem die Erstarrung des dortigen Systems und das Fehlen jeder Hoffnung auf Veränderung sind, die die Menschen dazu bringen, der DDR den Rücken zu kehren. Wer – wie immer mehr Menschen in der DDR – für sich keine Zukunft sieht, wird auch zukünftig jedes Schlupfloch zum Entkommen als einzigen Ausweg sehen. Es kann die DDR-Führung nicht verwundern, daß diese Stimmung in dem Maße zugenommen hat und noch zunimmt, als sich ringsum in Osteuropa tiefgreifende Veränderungen in Richtung auf Demokratisierung, Öffnung und Reformen durchsetzen, die den Menschen neue Freiheiten bringen. Die DDR

darf sich solchen Entwicklungen nicht länger verschließen. Es reicht jetzt nicht mehr, an den Symptomen herumzukurieren. Europa – und ich meine das ganze Europa – befindet sich in einem hoffnungsvollen Aufbruch. Es kann nicht im Interesse der DDR sein, sich hiervon zu isolieren oder gar diesen Prozeß aufhalten zu wollen. Sie muß diese historische Chance nutzen und ihren Beitrag für eine gesamteuropäische Friedensordnung leisten. Wir – und ich meine nicht nur die Bundesrepublik Deutschland, sondern die Länder des Westens insgesamt – sind zu einer konstruktiven Zusammenarbeit über die Systemgrenzen hinweg bereit. Wir haben dies durch vielfache Initiativen, nicht nur zur wirtschaftlich-finanziellen Kooperation, sondern vor allem auch auf dem Feld von Abrüstung und Rüstungskontrolle, unter Beweis gestellt. Auch die SED-Führung sollte die Zeichen der Zeit erkennen. Ein künftiges „Europäisches Haus" kann nicht auf Repression gebaut, sondern muß auf dem Fundament von Freiheits- und Bürgerrechten errichtet werden.

7. Die Entwicklung der letzten Wochen hat deutlich gemacht, daß die deutsche Frage – entgegen dem, was hier und da auch bei uns gesagt wird – nach wie vor auf der Tagesordnung der internationalen Politik steht. Der Wille der Deutschen zur Einheit in Freiheit ist ungebrochen. Was die Lösung der deutschen Frage betrifft, hier sind nicht nur die Deutschen allein gefordert. Hierbei vertrauen wir vor allem auch auf die besondere Verantwortung der drei Westmächte. Das Verhältnis der beiden deutschen Staaten zueinander ist aber zugleich ein wesentliches Element der Stabilität in Europa, das alle europäischen Staaten berührt. In der Gemeinsamen Erklärung, die Generalsekretär Gorbatschow und ich am 13. Juni in Bonn unterzeichnet haben, sprachen wir von der „vorrangigen Aufgabe" unserer Politik, „zur Überwindung der Trennung Europas beizutragen". Die jetzige Lage beweist die Dringlichkeit dieser Aufgabe.

Bulletin (Presse- und Informationsamt der Bundesregierung) Nr. 80 vom 24. August 1989, S. 701–702.

## M3 Das MfS über Motive der Ausreisewilligen in der DDR, 9. September 1989

Die zu diesem Komplex in den letzten Monaten zielgerichtet erarbeiteten Erkenntnisse beweisen erneut, dass die tatsächlichen Handlungsmotive zum Verlassen der DDR sowohl bei Antragstellungen auf ständige Ausreise als auch für das ungesetzliche Verlassen im wesentlichen identisch sind. [...] Im wesentlichen handelt es sich um ein ganzes Bündel im Komplex wirkender Faktoren. Es zeigt sich, daß diese Faktoren unter dem Einfluß der ideologischen Diversion des Gegners, insbesondere über die Massenmedien, und durch andere westliche Einflüsse – zunehmend vor allem über Rückverbindungen von ehemaligen Bürgern der DDR, Besuchsaufenthalte von DDR-Bürgern im westlichen Ausland bzw. von Personen des nichtsozialistischen Auslands in der DDR usw. – bei einer nicht unerheblichen Anzahl von Bürgern der DDR als Gründe/Anlässe sowohl für Bestrebungen zur ständigen Ausreise als auch des ungesetzlichen Verlassens der DDR genommen werden. Die überwiegende Anzahl dieser Personen wertet Probleme und Mängel in der gesellschaftlichen Entwicklung, vor allem im persönlichen Umfeld, in den persönlichen Lebensbedingungen und bezogen auf die sogenannten täglichen Unzulänglichkeiten, im wesentlichen negativ und kommt davon ausgehend, insbesondere durch Vergleiche mit den Verhältnissen in der BRD und in Westberlin, zu einer negativen Bewertung der Entwicklung in der DDR. [...]

Das geht einher mit Auffassungen, daß die Entwicklung keine spürbaren Verbesserungen für die Bürger bringt, sondern es auf den verschiedensten Gebieten in der DDR schon einmal besser gewesen sei. Derartige Auffassungen zeigen sich besonders auch bei solchen Personen, die bisher gesellschaftlich aktiv waren, aus vorgenannten Gründen jedoch „müde" geworden seien, resigniert und schließlich kapituliert hätten. [...]

Diese Personen gelangen in einem längeren Prozeß zu der Auffassung, daß eine spürbare, schnelle und dauerhafte Veränderung ihrer Lebensbedingungen, vor allem bezogen

auf die Befriedigung ihrer persönlichen Bedürfnisse, nur in der BRD oder Westberlin realisierbar sei. [...]
Als wesentliche Gründe/Anlässe für Bestrebungen zur ständigen Ausreise bzw. das ungesetzliche Verlassen der DDR – die auch in Übereinstimmung mit einer Vielzahl Eingaben an zentrale und örtliche Organe/Einrichtungen stehen – werden angeführt:
- Unzufriedenheit über die Versorgungslage;
- Verärgerung über unzureichende Dienstleistungen;
- Unverständnis für Mängel in der medizinischen Betreuung und Versorgung;
- eingeschränkte Reisemöglichkeiten innerhalb der DDR und nach dem Ausland;
- unbefriedigende Arbeitsbedingungen und Diskontinuität im Produktionsablauf;
- Unzulänglichkeiten/Inkonsequenz bei der Anwendung/Durchsetzung des Leistungsprinzips sowie Unzufriedenheit über die Entwicklung der Löhne und Gehälter;
- Verärgerung über bürokratisches Verhalten von Leitern und Mitarbeitern staatlicher Organe, Betriebe und Einrichtungen sowie über Herzlosigkeit im Umgang mit den Bürgern;
- Unverständnis über die Medienpolitik der DDR. [...]

Im untrennbaren Zusammenhang damit wirken aktuelle Entwicklungstendenzen in anderen sozialistischen Staaten, insbesondere in der Ungarischen Volksrepublik, Volksrepublik Polen und der Sowjetunion, durch die in beachtlichem Umfang Zweifel an der Einheit, Geschlossenheit und damit der Stärke der sozialistischen Staatengemeinschaft entstanden sind, die zunehmend auch zu Zweifeln an der Perspektive und Sieghaftigkeit des Sozialismus überhaupt führen. Weitere Motive zum Verlassen der DDR resultieren im geringen Umfang sowohl aus echten humanitären Gründen (z. B. Eheschließung, Familienzusammenführung), aus der „Lösung" von familiären oder persönlichen Konflikten, Abenteuerlust als auch aus Bestrebungen, sich der strafrechtlichen Verantwortlichkeit zu entziehen. Bei der gesamten Einschätzung ist zu beachten, daß Antragsteller auf ständige Ausreise bzw. Personen, die mit dem ungesetzlichen Verlassen der DDR in Erscheinung treten, in der Regel politisch nichts mehr mit der DDR verbindet. Sie handeln jedoch mehrheitlich nicht aus einer grundsätzlich feindlichen Einstellung heraus. [...]

Kuhrt, Eberhard (Hrsg.): Am Ende des realen Sozialismus. Beiträge zu einer Bestandsaufnahme der DDR-Wirklichkeit in den 80er Jahren. Band 1: Die SED-Herrschaft und ihr Zusammenbruch. Opladen 1996, S. 258–260.

## M4 Gemeinsame Erklärung verschiedener Gruppen der Bürgerbewegung der DDR, 4. Oktober 1989

Am 4. Oktober 1989 haben sich Vertreter der Bürgerbewegung Demokratie Jetzt, des Demokratischen Aufbruchs, der Gruppe Demokratischer SozialistInnen, der Initiative Frieden und Menschenrechte, der Initiativgruppe Sozialdemokratische Partei in der DDR, des Neuen Forums sowie Vertreter von Friedenskreisen zusammengefunden, um Möglichkeiten gemeinsamen politischen Handelns zu besprechen. Wir begrüßen die sich entwickelnde Vielfalt der Initiativen als Zeichen des Aufbruchs und des wachsenden Mutes, eigene politische Positionen öffentlich zu vertreten.

Uns verbindet der Wille, Staat und Gesellschaft demokratisch umzugestalten. Es kommt darauf an, einen Zustand zu beenden, in dem Bürgerinnen und Bürger dieser Gesellschaft nicht die Möglichkeit haben, ihre politischen Rechte so auszuüben, wie es die Menschenrechtskonventionen der Vereinten Nationen und die KSZE-Dokumente verlangen. Wir erklären uns solidarisch mit allen, die wegen ihres Einsatzes für diese Ziele verfolgt werden. Wir setzen uns ein für die Freilassung der Inhaftierten, die Aufhebung ergangener Urteile und die Einstellung laufender Ermittlungsverfahren.

Wir halten es für vorrangig, in unserem Lande eine Diskussion darüber zu eröffnen, welche Mindestbedingungen für eine demokratische Wahl eingehalten werden müssen: Sie muß unterschiedliche politische Entscheidungen ermöglichen. Sie muß geheim sein, d.h. die Wähler sind verpflichtet, eine Wahlkabine zu benutzen.

Sie muß frei sein, d.h. niemand darf durch Druck zu einem bestimmten Wahlverhalten genötigt werden. Die nächsten Wahlen sollten unter UNO-Kontrolle stattfinden. Wir wollen zusammenarbeiten und prüfen, in welchem Umfang wir ein Wahlbündnis mit gemeinsamen eigenen Kandidaten verwirklichen können. Um unser Land politisch zu verändern, bedarf es der Beteiligung und der Kritik aller. Wir rufen alle Bürgerinnen und Bürger der DDR auf, an der demokratischen Erneuerung mitzuwirken

*Angelika Barbe (Initiativgruppe SDP)*
*Marianne Birthler (Initiative Frieden und Menschenrechte)*
*Ibrahim M. Böhme (Initiativgruppe SDP)*
*Rainer Eppelmann (Demokratischer Aufbruch)*
*Martin Gutzeit (Initiativgruppe SDP)*
*Barbara Hähnchen (Friedenskreis Pankow)*
*Heinz Küchler (Demokratie Jetzt)*
*Kathrin Menge (Neues Forum)*
*Rudi Pahnke (Demokratischer Aufbruch)*
*Sebastian Pflugbeil (Neues Forum)*
*Gerd Poppe (Initiative Frieden und Menschenrechte)*
*Ulrike Poppe (Demokratie Jetzt)*
*Werner Schulz (Friedenskreis Pankow)*
*Dr. Wolfgang Ullmann (Demokratie Jetzt)*
*Reinhard Weidauer (Demokratischer Aufbruch) und ein Vertreter der Gruppe Demokratischer SozialistInnen*

Lindner, Bernd: Die demokratische Revolution in der DDR 1989/90. Bonn 1998, S. 59.

## M5 Der Generalsekretär des ZK der SED und Vorsitzende des Staatsrates der DDR Erich Honecker auf der Festveranstaltung zum 40. Jahrestag der Gründung der DDR in Ostberlin, 6. Oktober 1989

*Liebe Freunde und Genossen! Verehrte ausländische Gäste! Meine Damen und Herren des Diplomatischen Korps!*

Vor 40 Jahren wurde der erste sozialistische Staat auf deutschem Boden, die Deutsche Demokratische Republik, gegründet. Jeder, der das Glück hatte, an diesem historisch bedeutsamen Ereignis beteiligt zu sein, denkt nicht ohne Bewegung an die Tage zurück, in denen die Arbeiter und Bauern im Bunde mit der Intelligenz und allen Werktätigen im wahrsten Sinne des Wortes ihre Macht errichteten. Im Westen, wo das Potsdamer Abkommen mit Füßen getreten wurde, war, ohne das Volk zu fragen, ein Separatstaat entstanden. Dort wurde die Restauration der alten Gesellschaft in Gang gesetzt, der Aufbau der neuen Wehrmacht mit den alten Generalen für die NATO vorbereitet. Die Vergangenheit blieb unbewältigt. […]

Unsere Republik gehört heute zu den zehn leistungsfähigsten Industrienationen der Welt, zu den knapp zwei Dutzend Ländern mit dem höchsten Lebensstandard. Und vergessen wir dabei nicht, daß der Wohlstand hierzulande weder aus der Erde sprudelt noch auf Kosten anderer erreicht wurde. Die DDR ist das Werk von Millionen, von mehreren Generationen, die in harter Arbeit ihren Arbeiter-und-Bauern-Staat aufgebaut haben, einen Staat mit moderner Industrie und Landwirtschaft, mit einem sozialistischen Bildungswesen, mit aufblühender Wissenschaft und Kultur. Schließlich – die DDR, eine Weltnation im Sport. […]

Gerade zu einer Zeit, da einflußreiche Kräfte der BRD die Chance wittern, die Ergebnisse des Zweiten Weltkrieges und der Nachkriegsentwicklung durch einen Coup zu beseitigen, bleibt ihnen nur erneut die Erfahrung, daß an diesen Realitäten nichts zu ändern ist, daß sich die DDR an der Westgrenze der sozialistischen Länder in Europa als Wellenbrecher gegen Neonazismus und Chauvinismus bewährt. […] Soviel steht fest, für uns gilt die in der Gründerzeit der DDR geprägte Losung: Vorwärts immer, rückwärts nimmer. […]

In 40 Jahren entwickelte sich bei uns eine Wirtschaft von moderner Struktur und großer Leistungskraft. Dynamik und wachsende Effektivität sind für sie kennzeichnend. 1989 werden 279 Milliarden Mark Nationaleinkommen erzeugt, elfmal soviel wie 1949. Auf das Zehneinhalbfache stieg die Arbeitsproduktivität. […] Es ist durchaus ein Grund zum Stolz, daß es unserer Republik gelang, eine eigene leistungsfähige mikroelektronische Basis zu entwickeln, die heute international anerkannte Ergebnisse hervorbringt. Unsere Elektroniker in Jena und Dresden, in Erfurt und anderswo haben damit außerdem westliche Embargos durchbrochen. Jetzt werden wir die Entwicklung beschleunigen und mit dieser Schlüsseltechnologie in immer größere Bereiche der Produktion vorstoßen. [...] Es lebe der 40. Jahrestag der Deutschen Demokratischen Republik!

Neues Deutschland vom 9. Oktober 1989. Abdruck in: Europa-Archiv. Folge 20/1989, S. D 573–D 581.

### M6 Der Generalsekretär des ZK der KPdSU und Vorsitzende des Präsidiums des Obersten Sowjets der UdSSR Michail Gorbatschow auf der Festveranstaltung zum 40. Jahrestag der Gründung der DDR in Ostberlin, 6. Oktober 1989

*Werter Genosse Erich Honecker! Liebe Genossen und Freunde!*

An diesem bedeutsamen Tag, dem 40. Gründungstag der Deutschen Demokratischen Republik, unseres bewährten Freundes und Verbündeten, möchte ich Ihnen und allen Bürgern der DDR die herzlichsten Grüße und Glückwünsche des sowjetischen Volkes übermitteln. [...]

Die DDR ist ein souveräner Staat, sie unternimmt selbständig Maßnahmen, die verschiedene Aufgaben des Schutzes ihrer Interessen, ihre Innen- und Außenpolitik betreffen. Die Sowjetunion will sich natürlich ihrer Verantwortung für die Lösung europäischer Probleme nicht entziehen. Gemeint ist die Verantwortung, die auf internationalen Abkommen aufbaut und von der Rolle bestimmt wird, die die Siegerstaaten des Zweiten Weltkrieges spielen. [...], die Durchsetzung eines realistischen Kurses brachte große positive Ergebnisse sowohl für die generelle Gesundung des europäischen Klimas als auch für die Verbesserung der Beziehungen zwischen den beiden deutschen Staaten und für die Vertiefung der Kontakte zwischen den Menschen. Im vorigen Jahrhundert hat an der russischen Gesandtschaft in Bayern viele Jahre ein bekannter Dichter, Fjodor Tjutschew, gearbeitet. Das Programm von Bismarck kommentierte er in folgender Weise: „Zur Einheit – wie der Große prophezeite, – Wird man mit Eisen nur und Blut getrieben ...
Doch wir versuchen es mit Liebe, –
Wer recht hat, wird die Zukunft dann entscheiden.“ Der Lyriker Tjutschew drückte mit dem Wort „Liebe“ aus, was wir heute unter Übereinstimmung, Zusammenarbeit, Zusammenwirken, menschlicher Kommunikation in bezug auf Europa im 20. Jahrhundert verstehen. [...]

Es ist uns bekannt, welch großes Interesse in der DDR unseren Angelegenheiten, den radikalen Umgestaltungen in der Sowjetunion entgegengebracht wird. Die Umgestaltung ist ein äußerst schwieriges Werk, das und der Partei von dem Volk die größte Anspannung aller physischen, geistigen und moralischen Kräfte erfordert. Aber sie ist für uns lebensnotwendig und – wir sind fest davon überzeugt – sie wird unser Land zu neuen Erfolgen führen und das reiche Potential des Sozialismus unvergleichlich weiter entfalten. Demokratisierung, Offenheit, sozialistischer Rechtsstaat, freie Entwicklung aller Völker und ihre gleichberechtigte Mitbestimmung in den Angelegenheiten, die das ganze Land betreffen, würdige Lebensbedingungen für die ganze Bevölkerung und garantierte Rechte für jeden, umfassende Möglichkeiten für das Schöpfertum eines jeden Menschen – das erstreben wir, und von diesen Zielen lassen wir uns leiten. Unsere Partei und unser Volk sind fest entschlossen, die Reformen, die die sowjetische Gesellschaft radikal erneuern sollen, zum erfolgreichen Abschluß zu bringen. [...]

Neues Deutschland vom 9. Oktober 1989. Abdruck in: Europa-Archiv. Folge 20/1989, S. D 581–D 586.

### M7 Rücktrittserklärung des Generalsekretärs des Zentralkomitees der SED und Vorsitzenden des Staatsrates der DDR Erich Honecker, abgegeben auf der 9. Tagung des ZK der SED in Ostberlin am 18. Oktober 1989

*Liebe Genossinnen und Genossen!*

Nach reiflichem Überlegen und im Ergebnis der gestrigen Beratung im Politbüro bin ich zu folgendem Entschluß gekommen: Infolge meiner Erkrankung und nach überstandener Operation erlaubt mir mein Gesundheitszustand nicht mehr den Einsatz an Kraft und Energie, den die Geschicke unserer Partei und des Volkes heute und künftig verlangen. Deshalb bitte ich das Zentralkomitee, mich von der Funktion des Generalsekretärs des ZK der SED, vom Amt des Vorsitzenden des Staatsrates der DDR und von der Funktion des Vorsitzenden des Nationalen Verteidigungsrates der DDR zu entbinden. Dem Zentralkomitee und der Volkskammer sollte Genosse Egon Krenz vorgeschlagen werden, der fähig und entschlossen ist, der Verantwortung und dem Ausmaß der Arbeit so zu entsprechen, wie es die Lage, die Interessen der Partei und des Volkes und die alle Bereiche der Gesellschaft umfassenden Vorbereitungen des XII. Parteitages erfordern. [...]

Neues Deutschland vom 19. Oktober 1989. Abdruck in: Europa-Archiv. Folge 24/1989, S. D 700–D 701.

### M8 Hörfunk- und Fernsehansprache des Generalsekretärs des Zentralkomitees der SED und Vorsitzenden des Staatsrates der DDR Egon Krenz, 3. November 1989

[...] Die politische Wende, die wir eingeleitet haben, erfaßt inzwischen alle Bereiche unserer Gesellschaft. Vor allem sind davon Millionen Menschen berührt und bewegt. Es geht ihnen – es geht uns allen – um die Erneuerung des gesellschaftlichen Lebens mit dem Ziel, den Sozialismus für jeden Bürger unseres Landes lebenswerter zu gestalten. Der Neubeginn, der Aufbruch des Volkes ist von vielen Gesprächen, Diskussionen, Auseinandersetzungen, Demonstrationen und anderen Willensäußerungen begleitet. Für alle diese Formen steht der Begriff des Dialogs. Es liegt in der Natur der Sache, daß dabei viele Fragen gestellt werden. Ja, es sind mehr Fragen, als heute schon Antworten gegeben werden können. In diesen Prozessen von einer bisher nicht gekannten politischen Dynamik sind auch Unruhe und Besorgnis von Bürgern nicht zu übersehen und zu überhören. Sie machen sich Gedanken um die Unerschütterlichkeit der sozialistischen Grundlagen unserer Gesellschaft und um ihre zweifelsfreie sozialistische Perspektive.

Als Generalsekretär der Partei der Arbeiterklasse wie als Staatsoberhaupt unseres Landes versichere ich Ihnen allen: Wir werden nicht zulassen, daß die 40jährige Geschichte unserer Deutschen Demokratischen Republik, die großen Leistungen der Arbeiter und Bauern, der Wissenschaftler und Künstler, der Frauen und der Jugend, der Soldaten und aller Angehörigen der Schutz- und Sicherheitsorgane geschmälert werden, die in ihrer Gesamtheit das Fundament unserer Republik ausmachen. Die so dringend notwendige Erneuerung unserer sozialistischen Gesellschaft ist nur auf den Grundlagen des von uns allen gemeinsam Geschaffenen möglich. [...]

Wir wollen volle Souveränität des Volkes der DDR. Mit diesem Ziel streben wir eine Reform des politischen Systems an. Der mündige Bürger, sein Anspruch auf freie Entfaltung und auf demokratische Teilnahme an allen Angelegenheiten von Gesellschaft und Staat gehören in den Mittelpunkt unserer Politik. Unser Anliegen ist eine reiche politische Kultur der sozialistischen Gesellschaft. Das heißt umfassende und wahrheitsgetreue Information, Meinungsvielfalt und Meinungsstreit, Toleranz unter Andersdenkenden und ehrliches Ringen um gemeinsame Lösungen. Wir schlagen die Einrichtung eines Verfassungsgerichtshofes vor, der über die Einhaltung der Verfassung wacht. Eine Verwaltungsreform ist unumgänglich. Ein Vereinigungsgesetz ist auszuarbeiten. Wir halten die Kritiken an übertriebener Repräsentation und Inanspruchnahme von Sonderrechten für gerechtfertigt. Solche Praktiken, die weder unserer sozialistischen Moral noch dem Leistungsprinzip entsprechen, müssen verschwinden. Rechtsstaatlichkeit gebietet, die öffentliche Ordnung zu sichern, gegen Rechtsbrecher und Gewalttäter einzuschreiten, die Bürger und ihr Eigentum gegen sie zu schützen. Die Schutz- und Sicherheitsorgane braucht unser Volk, um sein Aufbauwerk zu garantieren. [...] Ich kann mitteilen, daß eine Reihe von verdienstvollen Genossen selbst zum Ausdruck gebracht haben, dem Zentralkomitee vorzuschlagen, sie von ihrer Funktion als Mitglieder des Politbüros zu entbinden, um jüngeren Kräften Platz zu machen. Diese Absicht haben die Genossen Hermann Axen, Kurt Hager, Erich Mielke, Erich Mückenberger und Alfred Neumann bekundet. Von einer der mit uns befreundeten politischen Parteien im Demokratischen Block, von der Liberal-Demokratischen Partei, sind Vorschläge veröffentlicht worden, die Einberufung einer Tagung der Volkskammer, die Neuwahl des Präsidenten der Volkskammer und den Rücktritt der Regierung betreffen. Über diese Fragen hat natürlich die oberste Volksvertretung zu befinden. [...]

Ich appelliere erneut an jene Bürger, die sich mit dem Gedanken der Ausreise aus der DDR tragen: Vertrauen Sie unserer Politik der Erneuerung! Ihr Platz, liebe Mitbürger, ist hier. Wir brauchen Sie. Sollten Sie sich dennoch anders entscheiden, wenden Sie sich vertrauensvoll an die zuständigen Behörden der DDR. Es ist der kürzere und der bessere Weg. [...]

Neues Deutschland vom 4./5. November 1989, Abdruck in: Europa-Archiv. Folge 24 / 1989, S. D 702–D 705.

### M9 Das MfS über Reaktionen der Bevölkerung auf die Maueröffnung am 9. November, 24. November 1989

In einer Vielzahl von Meinungsäußerungen zur ökonomischen Situation und zur Devisenlage in der DDR spielt die Entwicklung des Reiseverkehrs von DDR-Bürgern in das nichtsozialistische Ausland eine große Rolle. Obwohl die „Öffnung der Grenzen" generell auf breite, z. T. euphorische Zustimmung der Bevölkerung stieß, mehren sich Meinungsäußerungen, in denen wachsende Sorge und Befürchtungen hinsichtlich negativer Auswirkungen dieser Maßnahmen auf die Lage im Innern der DDR zum Ausdruck kommen. [...] Eng damit im Zusammenhang stehend werden zunehmend pessimistische Auffassungen zur Stabilisierung der Lage im Innern der DDR vertreten. Es häufen sich Standpunkte, wonach die tiefe ökonomische Krise, insbesondere die hohe Staatsverschuldung, alle Hoffnungen auf eine Konsolidierung der Wirtschaft zerstört habe. Als einziger erfolgversprechender Ausweg wird von zahlreichen Werktätigen eine enge wirtschaftliche Bindung an die BRD bzw. an die Europäische Gemeinschaft gesehen. In zunehmendem Umfang gibt es unter Bezugnahme auf den desolaten Zustand in der Wirtschaft Meinungsäußerungen zu einer möglichen Wiedervereinigung beider deutscher Staaten. Obwohl eine Wiedervereinigung Deutschlands zum gegenwärtigen Zeitpunkt mehrheitlich abgelehnt wird, wird die Schaffung einer Konföderation zwischen beiden deutschen Staaten unter Beibehaltung der unterschiedlichen Gesellschaftssysteme als ein möglicher Weg angesehen. Gleichzeitig wird aber auch die Meinung vertreten, im Falle eines Scheiterns der Politik der Wende sei eine Wiedervereinigung unausweichlich. In grenznahen Räumen werden von der Bevölkerung z. T. euphorische Bekenntnisse zur Wiedervereinigung, die durch die Öffnung der Grenze ihrer Meinung nach bereits praktisch vollzogen sei, artikuliert. Die Kontakte zwischen den Menschen in Ost und West seien niemals abgerissen gewesen; man fühle sich als Deutscher verbunden. Alles andere sei eine Sache der Regierung. [...]

Kuhrt, Eberhard (Hrsg.): Am Ende des realen Sozialismus. Beiträge zu einer Bestandsaufnahme der DDR-Wirklichkeit in den 80er Jahren. Band 1: Die SED-Herrschaft und ihr Zusammenbruch. Opladen 1996, S. 275.

**M10 Für unser Land, 26. November 1989**

Unser Land steckt in einer tiefen Krise. Wie wir bisher gelebt haben, können und wollen wir nicht mehr leben. Die Führung einer Partei hatte sich die Herrschaft über das Volk und seine Vertretungen angemaßt, vom Stalinismus geprägte Strukturen hatten alle Lebensbereiche durchdrungen. Gewaltfrei, durch Massendemonstrationen hat das Volk den Prozeß der revolutionären Erneuerung erzwungen, der sich in atemberaubender Geschwindigkeit vollzieht. Uns bleibt nur wenig Zeit, auf die verschiedenen Möglichkeiten Einfluß zu nehmen, die sich als Auswege aus der Krise anbieten.

**Entweder**

können wir auf der Eigenständigkeit der DDR bestehen und versuchen, mit allen unseren Kräften und in Zusammenarbeit mit denjenigen Staaten und Interessengruppen, die dazu bereit sind, in unserem Land eine solidarische Gesellschaft zu entwickeln, in der Frieden und soziale Gerechtigkeit, Freiheit des einzelnen, Freizügigkeit aller und die Bewahrung der Umwelt gewährleistet sind.

**Oder**

wir müssen dulden, daß, veranlaßt durch starke ökonomische Zwänge und durch unzumutbare Bedingungen, an die einflußreiche Kreise aus Wirtschaft und Politik in der Bundesrepublik ihre Hilfe für die DDR knüpfen, ein Ausverkauf unserer materiellen und moralischen Werte beginnt und über kurz oder lang die Deutsche Demokratische Republik durch die Bundesrepublik Deutschland vereinnahmt wird. Laßt uns den ersten Weg gehen. Noch haben wir die Chance, in gleichberechtigter Nachbarschaft zu allen Staaten Europas eine sozialistische Alternative zur Bundesrepublik zu entwickeln. Noch können wir uns besinnen auf die antifaschistischen und humanistischen Ideale, von denen wir einst ausgegangen sind. Alle Bürgerinnen und Bürger, die unsere Hoffnung und unsere Sorge teilen, rufen wir auf, sich diesem Appell durch ihre Unterschrift anzuschließen.

*Berlin, den 26. November 1989*

Lindner, Bernd: Die demokratische Revolution in der DDR 1989/90. Bonn 1998, S. 118.

**M11 Zehn-Punkte-Programm, aus der Rede von Bundeskanzler Helmut Kohl (CDU) während der Haushaltsdebatte, 28. November 1989**

[...] Der Weg zur deutschen Einheit, das wissen wir alle, ist nicht vom grünen Tisch oder mit einem Terminkalender in der Hand zu planen. Abstrakte Modelle kann man vielleicht polemisch verwenden, aber sie helfen nicht weiter. Aber wir können, wenn wir nur wollen, schon heute jene Etappen vorbereiten, die zu diesem Ziel hinführen. (Dr. Vogel [SPD]: Sehr gut!)

Ich möchte diese Ziele an Hand eines Zehn-Punkte-Programms erläutern.

**Erstens.** Zunächst sind Sofortmaßnahmen erforderlich, die sich aus den Ereignissen der letzten Wochen ergeben, insbesondere durch die Fluchtbewegung und die neue Dimension des Reiseverkehrs. Die Bundesregierung ist zu sofortiger konkreter Hilfe dort bereit, wo diese Hilfe jetzt benötigt wird. [...]

**Zweitens.** Die Bundesregierung wird wie bisher die Zusammenarbeit mit der DDR in allen Bereichen fortsetzen, die den Menschen auf beiden Seiten unmittelbar zugute kommt. Das gilt insbesondere für die wirtschaftliche, wissenschaftlich-technologische und kulturelle Zusammenarbeit. [...]

**Drittens.** Ich habe angeboten, unsere Hilfe und unsere Zusammenarbeit umfassend auszuweiten, wenn ein grundlegender Wandel des politischen und wirtschaftlichen Systems in der DDR verbindlich beschlossen und unumkehrbar in Gang gesetzt wird. „Unumkehrbar“ heißt für uns und vor allem für mich, daß sich die DDR-Staatsführung mit den Oppositionsgruppen auf eine Verfassungsänderung und auf ein neues Wahlgesetz verständigt. Wir unterstützen die Forderung nach freien, gleichen und geheimen Wahlen in der DDR unter Beteiligung unabhängiger, das heißt selbstverständlich auch nichtsozialistischer, Parteien. Das Machtmonopol der SED muß aufgehoben werden. [...]

**Viertens.** Ministerpräsident Modrow hat in seiner Regierungserklärung von einer Vertragsgemeinschaft gesprochen. Wir sind bereit, diesen Gedanken aufzugreifen. [...]

**Fünftens.** Wir sind aber auch bereit, noch einen entscheidenden Schritt weiterzugehen, nämlich konföderative Strukturen zwischen beiden Staaten in Deutschland zu entwickeln mit dem Ziel, eine Föderation, d.h. eine bundesstaatliche Ordnung, in Deutschland zu schaffen. Das setzt aber eine demokratisch legitimierte Regierung in der DDR zwingend voraus. [...]

**Sechstens.** Die Entwicklung der innerdeutschen Beziehungen bleibt eingebettet in den gesamteuropäischen Prozeß, d.h. immer auch in die West-Ost-Beziehungen. Die künftige Architektur Deutschlands muß sich einfügen in die künftige Architektur Gesamteuropas. [...]

**Siebtens.** Die Anziehungs- und Ausstrahlungskraft der Europäischen Gemeinschaft ist und bleibt eine entscheidende Konstante der gesamteuropäischen Entwicklung. Wir wollen und müssen sie weiter stärken. Die Europäische Gemeinschaft ist jetzt gefordert, mit Offenheit und Flexibilität auf die reformorientierten Staaten Mittel-, Ost- und Südosteuropas zuzugehen. [...]

**Achtens.** Der KSZE-Prozeß ist ein Herzstück dieser gesamteuropäischen Architektur. Wir wollen ihn vorantreiben und die bevorstehenden Foren nutzen: die Menschenrechtskonferenzen in Kopenhagen 1990 und in Moskau 1991, die Konferenz über wirtschaftliche Zusammenarbeit in Bonn 1990, das Symposion über das kulturelle Erbe in Krakau 1991 und nicht zuletzt das nächste Folgetreffen in Helsinki. Dort sollten wir auch über neue institutionelle Formen der gesamteuropäischen Zusammenarbeit nachdenken. [...]

**Neuntens.** Die Überwindung der Trennung Europas und der Teilung Deutschlands erfordern weitreichende und zügige Schritte in der Abrüstung und Rüstungskontrolle. [...]

**Zehntens.** Mit dieser umfassenden Politik wirken wir auf einen Zustand des Friedens in Europa hin, in dem das deutsche Volk in freier Selbstbestimmung seine Einheit wiedererlangen kann. Die Wiedervereinigung, d.h. die Wiedergewinnung der staatlichen Einheit Deutschlands, bleibt das politische Ziel der Bundesregierung. [...]

Verhandlungen des Deutschen Bundestages. 11. Wahlperiode. 177. Sitzung. Bonn, Dienstag, den 28. November 1989, S. 13502–13514.

## M12 DDR-Regierungssprecher Wolfgang Meyer zum „Zehn-Punkte-Programm zur Deutschlandpolitik“ des Bundeskanzlers Helmut Kohl, 6. Dezember 1989

Solche Erklärungen gehen nicht nur an den Realitäten vorbei, sondern können sehr leicht zu Irritationen führen, da sie sowohl die im Grundlagenvertrag als auch in der Schlußakte von Helsinki festgeschriebene Souveränität und Unabhängigkeit der beiden deutschen Staaten außer acht lassen. In den Beziehungen zwischen der DDR und der BRD ist von der gegenseitigen Achtung und Respektierung der Souveränität, territorialen Integrität und Gleichberechtigung auszugehen. Eine „Wiedervereinigung“ steht nicht auf der Tagesordnung, und niemand in Ost und West will ernsthaft eine Veränderung des europäischen Gleichgewichtes. Für Sicherheit und Stabilität in Europa ist Stabilität in den Beziehungen zwischen beiden deutschen Staaten eine entscheidende Voraussetzung. Was die Bezugnahme des Bundeskanzlers auf die Selbstbestimmung betrifft, so bringt die überwiegende Mehrheit unseres Volkes – wie auch der Aufruf von Christa Wolf, Stefan Heym und anderen Persönlichkeiten zeigt – zum Ausdruck, daß es um die Erneuerung einer souveränen, sozialistischen DDR geht. Dies ist ein Ausdruck des Selbstbestimmungsrechts, den man zur Kenntnis nehmen sollte. Was die Vorschläge des Bundeskanzlers für die Zusammenarbeit mit der DDR anbelangt, so bieten sie interessante Ansatzpunkte für Verhandlungen, die auch von der Regierung der DDR gesehen werden. Das betrifft auch die Überlegungen hinsichtlich der Möglichkeit der Bildung gemeinsamer Kommissionen, die zur Ausgestaltung der von Ministerpräsident Hans Modrow vorgeschlagenen Vertragsgemeinschaft beitragen könnten. Allerdings sei darauf hingewiesen, daß der DDR-Regierungschef im Zusammenhang mit der Ausfüllung einer solchen Vertragsgemeinschaft an erster Stelle die Felder Friedenssicherung und Abrüstung genannt hat, Themen, die bei Bundeskanzler Kohl für diese Vertragsgemeinschaft offensichtlich nicht vorgesehen sind. Mit Interesse wurde in der DDR auch die Tatsache aufgenommen, daß Herr Kohl von „konföderativen Strukturen“ sprach, wobei er allerdings vermied, sich klar und deutlich dazu zu äußern, daß es sich dann nur um eine Konföderation zwischen zwei souveränen Staaten handeln könnte. In diesem Zusammenhang sei noch angemerkt, daß sich bestimmte apodiktische Forderungen an die Adresse der DDR erübrigen, mit denen man hier nur offene Türen einrennt. Der vom Ministerrat beschlossene Gesetzgebungsplan nimmt diesen Forderungen von der anderen Seite die Grundlage.

Außenpolitische Korrespondenz (Hauptabteilung Presse des Ministeriums für Auswärtige Angelegenheiten der DDR) Nr. 47 vom 12. Dezember 1989, S. 374.

### M13 Plan für ein einheitliches Deutschland, vorgelegt vom Vorsitzenden des Ministerrats der DDR Hans Modrow (SED) in Ostberlin, 1. Februar 1990

Europa tritt in eine neue Etappe seiner Entwicklung ein. Das Nachkriegskapitel wird abgeschlossen. Voraussetzungen für eine friedliche und gutnachbarliche Zusammenarbeit aller Völker bilden sich heraus. Die Vereinigung der beiden deutschen Staaten rückt auf die Tagesordnung. Das deutsche Volk wird seinen Platz beim Aufbau der neuen Friedensordnung finden, in deren Ergebnis sowohl die Teilung Europas in feindliche Lager als auch die Spaltung der deutschen Nation überwunden werden. Es ist die Stunde gekommen, einen Schlußstrich unter den Zweiten Weltkrieg zu ziehen, einen deutschen Friedensvertrag abzuschließen. Durch ihn würden alle Probleme geregelt, die mit der Aggression Hitlerdeutschlands und dem Scheitern des „Dritten Reiches“ verbunden sind. Eine endgültige Lösung der deutschen Frage kann nur in freier Selbstbestimmung der Deutschen in beiden Staaten erreicht werden, in Zusammenarbeit mit den vier Mächten und unter Berücksichtigung der Interessen aller europäischen Staaten. Sie muß den gesamteuropäischen Prozeß fördern, der unseren Kontinent ein für allemal von militärischen Gefahren befreien soll. Die Annäherung beider deutscher Staaten und ihre nachfolgende Vereinigung darf durch niemanden als Bedrohung betrachtet werden. In diesem Sinne schlage ich einen verantwortungsbewußten nationalen Dialog vor. Sein Ziel sollte es sein, konkrete Schritte zu bestimmen, die zu einem einheitlichen Deutschland führen, das ein neuer Faktor der Stabilität, des Vertrauens, des Friedens in Europa zu werden bestimmt ist. Die Vertreter der DDR und der BRD könnten mit einem solchen Dialog und in gleichberechtigten Verhandlungen bestmögliche Antworten auf die Fragen nach der Zukunft der deutschen Nation finden. Die Schritte auf dem Weg zur deutschen Einheit könnten sein:

– Abschluß eines Vertrages über Zusammenarbeit und gute Nachbarschaft als eine Vertragsgemeinschaft, die bereits wesentliche konföderative Elemente enthalten sollte wie Wirtschafts-, Währungs- und Verkehrsunion sowie Rechtsangleichung.
– Bildung einer Konföderation von DDR und BRD mit gemeinsamen Organen und Institutionen, wie z.B. parlamentarischer Ausschuß, Länderkammer, gemeinsame Exekutivorgane für bestimmte Bereiche.
– Übertragung von Souveränitätsrechten beider Staaten an Machtorgane der Konföderation.
– Bildung eines einheitlichen deutschen Staates in Form einer deutschen Föderation oder eines Deutschen Bundes durch Wahlen in beiden Teilen der Konföderation, Zusammentreten eines einheitlichen Parlaments, das eine einheitliche Verfassung und einheitliche Regierung mit Sitz in Berlin beschließt. [...]

Neues Deutschland vom 2. Februar 1990. Abdruck in: Europa-Archiv. Folge 4/1990, S. D 119–D 120.

**M14 Kommuniqué über das Treffen zwischen dem Generalsekretär des Zentralkomitees der KPdSU und Vorsitzenden des Präsidiums des Obersten Sowjets der UdSSR Michail Gorbatschow und dem Bundeskanzler der Bundesrepublik Deutschland Helmut Kohl in Moskau, 10. Februar 1990**

Am 10. Februar traf M. S. Gorbatschow im Kreml mit dem Kanzler der Bundesrepublik Deutschland, Helmut Kohl, zusammen. [...] Gorbatschow stellte fest – und der Kanzler stimmte ihm zu –, daß es zur Zeit zwischen der UdSSR, der BRD und der DDR keine Meinungsverschiedenheiten darüber gebe, daß die Deutschen selbst die Frage der Einheit der deutschen Nation lösen und selbst ihre Wahl treffen müssen, in welchen Staatsformen, zu welchen Zeitpunkten, mit welchem Tempo und zu welchen Bedingungen sie diese Einheit realisieren werden. Hierbei bezog sich Gorbatschow auf sein jüngstes Gespräch mit dem Vorsitzenden des Ministerrats der DDR, Modrow. Er betonte insbesondere, daß alle Deutschen, sowohl im Osten als auch im Westen, diese Einstellung der Sowjetunion kennen müßten. Bei der Lösung ihrer nationalen Frage müssen sie jedoch an die Realitäten denken: daß es einen Krieg gegeben hat und daß er, wie auch die Nachkriegszeit, ein Erbe hinterlassen hat. Im Moment überdenken wir all dies. Wir sind von der Konfrontation abgegangen, der europäische Prozeß entwickelt sich. Auch die deutsche Annäherung darf den hier schon erzielten positiven Resultaten und den Ost-West-Beziehungen insgesamt keinen Schaden zufügen und das europäische Gleichgewicht nicht zerstören. [...]

Europa-Archiv. Folge 8 / 1990, S. D 192–D 193.

**M15 Presseerklärung der „Allianz für Deutschland" – DA/DSU/CDU, 21. Februar 1990**

Im Anschluss an ihr Gespräch mit dem Vorsitzenden der Christlich Demokratischen Union Deutschlands, Bundeskanzler Dr. Helmut Kohl, am 20. Februar 1990 in Erfurt erklären die Vorsitzenden der „Allianz für Deutschland" Wolfgang Schnur (DA), Hans-Wilhelm Ebeling (DSU) und Lothar de Maizière (CDU):

Gemeinsames Ziel der „Allianz für Deutschland" ist es, am 18. März den Sozialismus, in welcher Variante auch immer, in der DDR abzulösen. Angesichts des vom Sozialismus verursachten dramatischen Niedergangs der Wirtschaft, der Umwelt und in anderen Bereichen der Gesellschaft in der DDR gibt es nur einen vernünftigen Weg, der zu einer politischen, wirtschaftlichen und moralischen Gesundung der DDR führen kann: die Einführung der Sozialen Marktwirtschaft in der DDR und die schnelle Herstellung der Einheit Deutschlands. Dem entschiedenen und erfolgreichen Einsatz von Bundeskanzler Helmut Kohl, seiner Überzeugungs- und Durchsetzungskraft ist es zu verdanken, daß sich alle Nachbarländer der Bundesrepublik Deutschland und der DDR, einschließlich der USA und der Sowjetunion, uneingeschränkt hinter dem Wunsch der Deutschen nach Einheit stellen. Helmut Kohl hat das Tor zur Einheit weit aufgestoßen. Die Menschen in der DDR haben heute keinen entschiedeneren Freund als Bundeskanzler Helmut Kohl. Die Allianz weist deshalb die unberechtigten Vorwürfe, die Helmut Kohl von PDS und SPD gemacht werden, mit Entschiedenheit zurück. Weil sich die Regierung Modrow nicht eindeutig vom Sozialismus verabschiedet, wird ein Teil der Soforthilfe der Bundesregierung in Höhe von 5 Milliarden Mark blockiert. Statt entschiedener Schritte zu einer Wirtschaftsreform, hat die Regierung nur halbherzige Maßnahmen und kosmetische Korrekturen am Sozialismus durchgeführt.

Die DDR braucht jetzt nicht Geldgeschenke in Milliardenhöhe, sondern die Einführung der Sozialen Marktwirtschaft. Der Sozialismus ist ein Faß ohne Boden. Noch so viele Milliarden würden nicht den Bürgern, sondern in altbekannter Weise im Staatsapparat versickern. Im Interesse der Bürger der DDR, aber auch im Interesse der Steuerzahler in der Bundesrepublik Deutschland liegt es, den Sozialismus mit keiner Mark zu stützen. Die Allianz begrüßt das Angebot einer Währungsunion von Bundeskanzler Helmut Kohl. Die Einführung der D-Mark, einer der härtesten und stabilsten Währungen der Welt ist der stärkste wirtschaftliche Aktivposten, den die Bundesrepublik Deutschland in die deutsche Einheit einbringen kann.

Im Gegensatz zur amtierenden Regierung Modrow wird die Allianz für Deutschland dieses Angebot des Bundeskanzlers nach einem Regierungswechsel sofort annehmen. Verbunden mit einer Wirtschaftsreform werden wir damit die Voraussetzungen schaffen, daß private Investitionen aus der Bundesrepublik Deutschland einen wirtschaftlichen Neubeginn in der DDR und ein Zweites Wirtschaftswunder für die Menschen in der DDR und in der Bundesrepublik Deutschland möglich wird.

Gemeinsam mit der Bundesrepublik Deutschland wird die „Allianz für Deutschland" nach dem 18. März eine Sozialgemeinschaft anstreben. Zu den Aufgaben der Sozialgemeinschaft gehören vorrangig die Aufgaben der Sicherung der Renten, der Spareinlagen sowie der Unterstützung bei Arbeitslosigkeit. Die „Allianz für Deutschland" fordert die Sozialisten auf, ihre Angstkampagne, mit der sie über ihre jahrelange Mißwirtschaft und ihr Versagen hinwegtäuschen wollen, einzustellen. Die Sozialdemokraten befinden sich in schlechter Gesellschaft, wenn sie gemeinsam mit diesen Sozialisten Ängste von Rentnern, Sparern und den Arbeitnehmern in den Betrieben anheizen. Niemand hat die DDR mehr ausverkauft als die Sozialisten in den zurückliegenden Jahren. Nach dem 18. März wird es diesen Ausverkauf nicht mehr geben, sondern den wirtschaftlichen Aufschwung für unser Land. Sozialisten und Sozialdemokraten verstehen nichts von Wirtschaft und Finanzen. Dies haben wir in der DDR mit den Sozialisten erlebt und die Bundesrepublik Deutschland hat diese Erfahrungen in der Zeit als die Sozialdemokraten in der Regierungsverantwortung standen gemacht.

Die Partnerschaft zwischen der „Allianz für Deutschland" und der CDU der Bundesrepublik an ihrer Spitze mit Bundeskanzler Helmut Kohl hat sich bereits bewährt. Unsere vertrauensvolle Zusammenarbeit wird sich nach der Wahl am 18. März und nach einer Regierungsübernahme durch die Allianz ihre ganze Kraft entfalten, denn die Allianz vertritt dieselbe Politik wie sie von der CDU in der Bundesrepublik Deutschland seit 40 Jahren mit großem Erfolg vertreten und durchgesetzt wird.

Parteien und Wahlbündnisse in der DDR. Programme und Statuten, herausgegeben von der Friedrich-Naumann-Stiftung. Königswinter 1990, S. 88–90.

## M16 Angebot der Bundesregierung für den Staatsvertrag mit der DDR zur Gründung einer Währungsunion mit Wirtschafts- und Sozialgemeinschaft, 23. April 1990

Bundesregierung und Koalition haben sich nach intensiven Gesprächen, an denen auch die Deutsche Bundesbank beteiligt war, am 22. und 23. April über die Grundzüge eines Angebots für den Staatsvertrag mit der DDR zur Gründung einer Währungsunion mit Wirtschafts- und Sozialgemeinschaft verständigt. Bundesregierung und Koalition haben ihre Entschlossenheit unterstrichen, gemeinsam mit der DDR die Währungsunion mit Wirtschafts- und Sozialgemeinschaft zum Juli 1990 zu verwirklichen. Das Angebot der Bundesregierung ist getragen von der Verantwortung gegenüber der wirtschaftlichen und sozialen Entwicklung in beiden Teilen Deutschlands und der Stabilität der Deutschen Mark. Das Angebot umfaßt folgende Punkte:

1. Löhne und Gehälter sollen grundsätzlich im Verhältnis 1:1 gegenüber dem heutigen Stand (ohne Ausgleichszahlungen für Subventionsabbau und bei Durchführung der Preisreform in der DDR) umgestellt werden. Bundesregierung und Koalition sind sich dabei einig, daß der künftigen Lohnpolitik eine große Bedeutung für die Wettbewerbsfähigkeit der Betriebe in der DDR zukommt.

2. Das Rentensystem der DDR soll dem Rentensystem in der Bundesrepublik Deutschland angepaßt werden, das heißt: 70 Prozent des durchschnittlichen Nettoarbeitsverdienstes bei 45 Versicherungsjahren. Eine solche

Regelung bedeutet, daß die meisten Renten in D-Mark höher liegen werden als heute in Mark der DDR. Soweit in Einzelfällen sich ein niedrigerer Betrag in D-Mark gegenüber der bisherigen Höhe in Mark der DDR ergibt, wird sichergestellt, daß die bisherige Rentenhöhe in D-Mark gezahlt wird.

3. Die Geld- und Kreditbestände der in der DDR lebenden Deutschen sollen grundsätzlich im Verhältnis 2:1 umgestellt werden. Pro Person soll jedoch ein Betrag von bis zu 4000 Mark der DDR im Verhältnis 1:1 umgetauscht werden können (Bargeld und Sparkonten zusammengenommen). Bei der darüber hinausgehenden Umstellung von 2:1 sollen Mißbrauchsmöglichkeiten ausgeschlossen werden.

4. Für nicht in der DDR Ansässige sollen angemessene Regelungen vereinbart werden. Diese Regelungen sollen u. a. dem seit dem 1. Januar 1990 geltenden Umtauschkurs von 3:1 Rechnung tragen.

Bulletin (Presse- und Informationsamt der Bundesregierung) Nr. 47 vom 24. April 1990, Seite 374.

## M17 Der Außenminister der Deutschen Demokratischen Republik Markus Meckel (SPD) zur Eröffnung der Zwei-plus-Vier-Verhandlungen in Bonn, 5. Mai 1990

[...] Die neue Regierung der DDR zieht aus dieser neuartigen Gemeinsamkeit heraus in diese Verhandlungen mit dem besonderen Willen, den Wunsch ihrer Bevölkerung nach rascher Vereinigung mit den legitimen Interessen der Nachbarn im Osten an diesem Prozeß in Einklang zu bringen.

Die Verantwortlichen in der DDR wie in den anderen ehemals sozialistischen Staaten eint die Erfahrung der Opposition; politische Arbeit kostete Mut, Phantasie und Durchhaltevermögen, wir wurden verfolgt und diskriminiert. Die gemeinsame Erfahrung des Widerstandes hat uns geprägt. Wir hatten eine Rolle in erfolgreichen Revolutionen. Von uns dürfen Sie erwarten, daß wir eine aktive Politik betreiben. [...] Der deutsche Einigungsprozeß soll so angelegt sein, daß er die nunmehr mögliche Einigung Europas fördert und nicht hindert. Wir halten es für erstrebenswert, die Dynamik des Vorganges der Einigung der Deutschen zu nutzen für die Dynamisierung des Prozesses der Einigung auf dem Felde der Sicherheitspolitik, wo die DDR besonders initiativ sein wird, wie auf dem Gebiet der Wirtschafts- und Währungspolitik. [...] Das neue Europa kann nicht nur die quantitative Erweiterung Westeuropas sein, wie das geeinte Deutschland nicht nur die Erweiterung der BRD sein wird. Wir brauchen gesamteuropäische Institutionen, die natürlich an die bestehenden anknüpfen bzw. sie stärker verändern werden. Die Regelungen, die wir finden müssen, werden für das Europa der nächsten Jahrzehnte prägend sein. Damit tragen wir eine ungeheure Verantwortung. Wir wünschen uns, daß mit den Ergebnissen von Zwei plus Vier ein Weg für ein neues Europa geebnet wird. [...]

Außenpolitische Korrespondenz Nr. 13 vom 7. Mai 1990. Abdruck in: Europa-Archiv. Folge 19 / 1990. S. D 500–D 502.

## M18 Vertrag zwischen der Bundesrepublik Deutschland und der Deutschen Demokratischen Republik über die Herstellung der Einheit Deutschlands – Einigungsvertrag

Die Bundesrepublik Deutschland und die Deutsche Demokratische Republik – ENTSCHLOSSEN, die Einheit Deutschlands in Frieden und Freiheit als gleichberechtigtes Glied der Völkergemeinschaft in freier Selbstbestimmung zu vollenden, AUSGEHEND VON DEM WUNSCH der Menschen in beiden Teilen Deutschlands, gemeinsam in Frieden und Freiheit in einem rechtsstaatlich geordneten, demokratischen und sozialen Bundesstaat zu leben, IN DANKBAREM RESPEKT vor denen, die auf friedliche Weise der Freiheit zum Durchbruch verholfen haben, die an der Aufgabe der Herstellung der Einheit Deutschlands unbeirrt festgehalten haben und sie vollenden, IM BEWUSSTSEIN der Kontinuität deutscher Geschichte und eingedenk der sich aus unserer Vergangenheit ergebenden besonderen Verantwortung für eine demokratische

Entwicklung in Deutschland, die der Achtung der Menschenrechte und dem Frieden verpflichtet bleibt, IN DEM BESTREBEN, durch die deutsche Einheit einen Beitrag zur Einigung Europas und zum Aufbau einer europäischen Friedensordnung zu leisten, in der Grenzen nicht mehr trennen und die allen europäischen Völkern ein vertrauensvolles Zusammenleben gewährleistet, IN DEM BEWUSSTSEIN, daß die Unverletzlichkeit der Grenzen und der territorialen Integrität und Souveränität aller Staaten in Europa in ihren Grenzen eine grundlegende Bedingung für den Frieden ist – SIND ÜBEREINGEKOMMEN, einen Vertrag über die Herstellung der Einheit Deutschlands mit den nachfolgenden Bestimmungen zu schließen:

**Kapitel I**

**Wirkung des Beitritts**

**Artikel 1**

**Länder**

(1) Mit dem Wirksamwerden des Beitritts der Deutschen Demokratischen Republik zur Bundesrepublik Deutschland gemäß Artikel 23 des Grundgesetzes am 3. Oktober 1990 werden die Länder Brandenburg, Mecklenburg-Vorpommern, Sachsen, Sachsen-Anhalt und Thüringen Länder der Bundesrepublik Deutschland. Für die Bildung und die Grenzen dieser Länder untereinander sind die Bestimmungen des Verfassungsgesetzes zur Bildung von Ländern in der Deutsche Demokratische Republik vom 22. Juli 1990 – Ländereinführungsgesetz – (GBl. I Nr. 51 S. 955) gemäß Anlage II maßgebend.

(2) Die 23 Bezirke von Berlin bilden das Land Berlin.

*31. August 1990*

**2**

**Artikel 2**

Hauptstadt, Tag der Deutschen Einheit

(1) Hauptstadt Deutschlands ist Berlin. Die Frage des Sitzes von Parlament und Regierung wird nach Herstellung der Einheit Deutschlands entschieden.

(2) Der 3. Oktober ist als Tag der Deutschen Einheit gesetzlicher Feiertag. [...]

Bulletin (Presse- und Informationsamt der Bundesregierung) Nr. 104 vom 6. September 1990, S. 877–1120.

# Sach- und Ortsregister

## Personenregister

## Literaturhinweise

*(Die Literaturhinweise wurden vorwiegend auf die für Lehrer und Schüler leicht zugänglichen und kostengünstigen Veröffentlichungen der Bundeszentrale für politische Bildung begrenzt. Die Publikationen können, soweit sie nicht vergriffen sind, über die Internetadresse www.bpb.de direkt bestellt werden.)*


Deutsche Teilung – Deutsche Einheit, Bonn 2004.
Deutsche Zeitgeschichte: 60er und 70er Jahre, Aus Politik und Zeitgeschichte B 45/2003, Bonn 2003.
Deutschland in den 70er/80er Jahren, Informationen zur politischen Bildung (Heft 279), Bonn 2001.
Diktaturen in Deutschland – Vergleichsaspekte, Bonn 2003.
Gemeinsame Nachkriegsgeschichte? Aus Politik und Zeitgeschichte 03/2007, Bonn 2007.
Jesse, Eckhard und Mitter, Armin (Hg.): Die Gestaltung der deutschen Einheit, Schriftenreihe (Bd. 308), Bonn 1992.
Jung, Matthias: Von der Teilung zur Einheit, Bonn 2006.
Lindner, Bernd: Die demokratische Revolution in der DDR 1989/90, Bonn 1998.
Maibaum, Werner: Geschichte der Deutschlandpolitik, Bonn 1998.
Plato, Alexander von: Die Vereinigung Deutschlands – ein weltpolitisches Machtspiel, Schriftenreihe (Bd. 381), Bonn 2003.
Rauhut, Michael: Rock in der DDR, Bonn 2002.
Schubert, Klaus und Klein, Martina (Hg.): Politiklexikon, Bonn 2006.
Steiner, Andre: Vom Plan zu Plan, Schriftenreihe (Bd. 625), Bonn 2007.
Der Weg zur Einheit, Informationen zur politischen Bildung (Heft 250), Bonn 2005.
Winkler, Heinrich August: Der lange Weg nach Westen II, Bonn 2005.
Wohin treibt die DDR-Erinnerung?, Schriftenreihe (Bd. 619), Bonn 2007.
Wolle, Stefan: Die heile Welt der Diktatur, Bonn 1994.
Zeiten des Wandels, Informationen zur politischen Bildung (Heft 258), Bonn 1998.


## Weitere Literaturhinweise:


Deutsche Geschichte in Quellen und Darstellung, Band 10, Besatzungszeit, Bundesrepublik und DDR 1945-1969, Reclam, Stuttgart 1998.
Deutsche Geschichte in Quellen und Darstellung, Band 11, Bundesrepublik und DDR 1969-1990, Reclam, Stuttgart 1996.
Kaminsky, Annette: Kleine Konsumgeschichte der DDR, München 2001.
Lehmann, Hans Georg (Hg.): Deutschland-Dokumentation 1945-2004 (D-DOK), Bonn 2005.
Mählert, Ulrich: Kleine Geschichte der DDR, München 1998.
Ploetz. Die Deutsche Demokratische Republik. Daten, Fakten, Analysen, Köln 2003.
Staritz, Dietrich: Geschichte der DDR 1949-1990. Moderne Deutsche Geschichte, Band 11, Frankfurt am Main 1985 (erweiterte Neuausgabe 1996).
Thränhardt, Dietrich: Geschichte der Bundesrepublik Deutschland 1949-1990. Moderne Deutsche Geschichte, Band 12, Frankfurt am Main 1996.
Weber, Hermann: DDR. Grundriss der Geschichte 1945-1990, Hannover 1991.

## Der Film als Quelle für den Geschichtsunterricht

**a) DEFA-Filme und DDR-Fernsehfilme**
Das zweite Gleis von Joachim Kunert, DEFA 1962.
Die Kinder von Golzow 1961–2003, DEFA.
„Wittstock, Wittstock" von Volker Koepp, DEFA 1974.
„Wer die Erde liebt." – Die X. Weltfestspiele der Jugend und Studenten von Joachim Hellwig, DEFA 1974.
„Die Mauer" – Die Demontage eines Alptraumes von Jürgen Böttcher, DEFA 1990.

**b) Filmproduktionen der BRD**
Sonnenallee von Leander Haussmann, 1999.
Good bye Lenin! Von Wolfgang Becker, 2003.
Das Leben der Anderen von Florian Henkel von Donnersmarck, 2006.
Der Mauerbau im DDR-Geschichtsunterricht (DVD), hg. von Henning Schluss, München 2006.

## Museen zur Geschichte der beiden deutschen Staaten in Berlin

**Deutsches Historisches Museum**
Unter den Linden 2, 10117 Berlin
Info-Telefon: (030) 20 30 44 44
Zentrale: (030) 20 30 40
Museumspädagogik, Brigitte Vogel: vogelb@dhm.de u. Stefan Bresky: bresky@dhm.de

**Mauermuseum / Museum am Checkpoint Charlie**
Friedrichstraße 43–45, 10969 Berlin-Kreuzberg
Telefon: (030) 2 53 72 50; info@Mauermuseum.de

**Gedenkstätte Berlin-Hohenschönhausen**
(entstand 1994 auf dem Gelände der früheren zentralen Untersuchungsanstalt des MfS)
Genslerstr. 66, 13055 Berlin
Telefon: (030) 98 60 82-30; www.stiftung-hsh.de

**DDR Museum Berlin**
Karl-Liebknecht-Str. 1, 10178 Berlin
Tel. (030) 8 47 12 37 30; post@ddr-museum.de; www.ddr-museum.de

**Berlin von unten**
Berliner Unterwelten e.V.
Gesellschaft zur Erforschung und Dokumentation unterirdischer Bauten
Brunnenstr. 108 a, 13355 Berlin
Tour 3 U-Bahn, Bunker und Kalter Krieg
Telefon: (030) 49 91 05-17
info@berliner-unterwelten.de; www.berliner-unterwelten.de